HAKI STËRMILLI

DIBRANJA E MJERUEME

DASHUNI E BESNIKERI
AGIMI I LUMNUESHËM

Drama

(Botuar sipas origjinalit)

RL BOOKS

2022

Haki Stërmilli
Dibranja e mjerueme
Dashuni e besnikeri
Agimi i lumnueshëm
Drama

(Botimi I, Tiranë 1923)

ISBN 978-2-39069-012-2

https://www.rlbooks.eu
admin@rlbooks.eu

Bruksel, dhjetor 2022

HAKI STËRMILLI

Dibranja e mjerueme.................1
Dashuni e besnikeri..................47
Agimi i lumnueshëm................105

2022

PARATHËNIE

Ky ribotim i trilogjisë dramatike të Stërmillit nis me dramën historike me katër akte "Dibranja e mjerueme", subjekti i së cilës janë ngjarjet e zhvilluara në Dibër, Manastir, Mat dhe në fshatrat e këtyre qyteteve në vitet 1912 dhe 1913. Nga shënimet e autorit në botimin e parë mësohet se, kur po shkruante "Dibranja e mjerueme", Stërmilli kishte në dorëshkrim edhe dy dramat e tjera: *"Dashuni e besnikëri"* dhe *"Agimi i lumnueshëm"* ose të paktën kish nisur punën për to. Kjo trilogji, sipas Stërmillit, hedh dritë *"në ngjarjet e vërteta qi kanë ngja në kohën e fundit..."*. Autori u sugjeron lexuesve *"që dëshirojnë të kenë një kuptim të plotë mbi lëvizjet kombëtare të Dibrës, duhet të këndojnë edhe dramën 'Dashuni e besnikëri' dhe 'Agimi i lumnueshëm'"*, që në atë kohë ende nuk ishin botuar.

Trilogjia tregon ngjarje vërtet të rëndësishme të Dibrës dhe qyteteve e lokaliteteve të tjera të mbetura jashtë kufirit shqiptar, shtrirë në tetë apo nëntë vjet. Një pjesë të mirë të personazheve autori i ka njohur personalisht dhe dëshmia e tij në këtë rast është jo vetëm letrare, por edhe historike. Kjo trilogji, siç e thekson autori, ka si qëllim *"qi t'i shërbejë letërsis e historis së vendit t'im..."*.

I vetëdijshëm për kufizimet stilistike dhe dramatike të këtyre veprave, Stërmilli beson se *"të tjerë më të zotët e pendës se unë, do të përpiqen me qitë në dritë të këtilla vepra ma të çmueshme e kështu kan me e pasunue Bibliotekën e dramavet Shqiptare"*. Por, kontributi i këtyre dramave nuk duhet nënvleftësuar as nga ana stilistike. Me gjithë naivitetin dramatik, Stërmilli përcjell emocione të forta. Parë në këndvështrimin e kohës dhe vlerës së tyre të paçmuar historike, këto vepra janë bizhu të vërteta të dramaturgjisë së hershme shqipe, që të mbajnë lidhur në lexim dhe shpalosin imagjinatën e kujtesën kombëtare të një lufte akoma të pambaruar për bashkimin e trojeve shqiptare.

Dritan Kiçi

BIBLIOTEKË DRAMATIKE
NR. 1

DIBRANJA E MJERUEME

DRAMË HISTORIKE
KATËR PAMJESH

Prej

Haki Stërmillit

TIRANË 1923

Ky libër u dedikohet shpirt ndritunvet prindvet mij e vëllaut t'im Hasan Stërmillit.

PARËTHANJE

Kënduësve!

Me qëllim qi t'i shërbej letrësis e historis së vendit t'im e shkruejta këtë dramë. Besoj se të tjerë më të zotët e pendës se unë, do të përpiqej me qitë në dritë të këtilla vepra ma të çmueshme e kështu kan me e pasunuë Bibliotekën e dramavet Shqiptare.

Me nderime

Auktori

V. O!

Ata Zotënij qi dëshirojnë të kenë nji kuptim të tplotë mbi lëvizjet kombëtare të Dibrës, duhet të këndojnë edhe dramën (Dashtuni e besnikëri Nr. 2 dhe Agimi i lumnuëshëm Nr 3).

Auktori

PERSONALI I DRAMËS

1. Ali Vorfi nga qyteti i Dibrës së Madhe, student në klasin e fundit të shkollës Ushtëriake të Manastirit. 24 vjeç
2. Zejnel Dreni nga katundi Bllacë i Dibrës, kolegu i Aliut. (23) vjeç
3. Shega e ama e Zejnel Drenit. (50) vjeç
4. Lulja e motra e Zejnelitt. (20) vjeç
5. Sadik Veriu nga katundi Bllacë. (40) vjeç
6. Bejta e shoqja e Sadik Veriut. (36) vjeç
7. Nailja e bija e Sadik Veriut dhe e dashtuna e Zejnelit. 19 vjeç
8. Osman Xhini nga katundi Kastriot i Dibrës së Voglë. 48 vjeç
9. Tushja e bija e Osman Xhinit dhe e dasbtuna e Ali Vorfit. 17 vjeç
10. Sejfa shërbëtori i Aii Vorfit. 37 vjeç
11. Sula shërbëtori i Zejnel Drenit. 46 vjeç
12. Elmazi bariu i Sadik Veriut. 27 vjeç
13. Nji Malsuër.
14. Dy malësorë.
15. Nji ushtar.
16. Sqena shvillohet ne Dibrë, në Manastir, e në Mat më 1912-1913.

PAMJA E PARË

(Sqena shfaq nji odë n'hotel Dibra në Manastir, në mes të sajë janë dy karrike, e nji tavolinë. Në për muret janë varë dy mauzera me gjith rrypat e fishekvet, dy jamurllëkë e të tjera)

PERFLIM I I.

Ali Vorfi e Zejnel Dreni veshun me robe nënoficerash.

ZEJNELI:
A s'erdhi koha ma Ali?

ALIU
Jo hala, kemi edhe dy sahat qi të bahet mesnatë *(shef orën e xhepit).*

ZEJNELI
Si e gjykon ti Ali punën? A thue se dotë mund t'i dalim në krye qëllimit me këtë kryengritje?

ALIU
(mendohet pak) Hej Zejnel, fitimi nuk mund të ndihet sigurisht, por si tha Xhaferr Tajar beu, na jemi të shtrënguem me u tërhjekë në për male e prej atje me i kërkue të drejtat t'ona, se Shtetet e Ballkanit po bajnë marrveshtje të mshefta me njani tjetrin e ësht droja se lidhja e tyne, mos e dhant Zoti, ësht rreziku e mortja e Shqipnis. Turqit e rij nuk po mendojnë se tue mos i njoft të drejtat e shqiptarve po i hapin vethes së tyne nji plagë aq të rrezikshme sa qi kurrë s'kanhë me u shiruëm. Në qoft se edhe këtë herë Ittihadçijt do të ndjekin atë politikën e ndytë si e kan zakon e në mos ndëgjofshin me u dhanë shqiptarvet të drejtat e tyne tue caktuë edhe kufinin politik të Shqipnis, kam frigë se atëhere si na, ashtu edhe ata do të ndodhemi para nji rrezikut, se lakmija e Ballkanasvet po shtohet ditë për ditë.

ZEJNELI

Ali! Të lutem më kallzo se ç'far rreziku munt t'i vijë Shqipnis nga marrveshtja e nga lidhja e Ballkanasvet? Apo tue marrë parasysh se Shqipnia asht nji pjesë e Turqis do me thanë se coptohet prej fituësve?

ALIU
Po.

ZEJNELI
Jo, oj këtu keni gabim, se para se të bahet ajo, përkujdesemi ndryshe.

ALIU
(Me buzë në gas) E si Zejnel?

ZEJNELI
Shqiptarët nuk marrin pjesë në luflë dhe i çpallin gjithë botës se Shqipnia tue qen qi përbahet prej nji kombit krejt të veçantë qi nuk u ngjan Turqvet as në zakone, as në gjuhë e as në racë, nuk ka me marrë pjesë në luftë dhe e quën, e dëklaron vethen independente.

ALIU
(Tue qeshë) Ha, ha, ha! E kush t'a këndon tesqeren athere? Veç kësaj me cilin popull do t'a shpallish independencën Shqiptare e...

ZEJNELI
(I ngutshëm i pret fjalën) Më fal Zotni se edhe për na Shqiplarët ka me u gjetë nji mik i shtyëm në mos prej njerziet, prej interesës qi t'a bajë Botën e Qytetnuëme për me na e kënduë tesqeren e me na i njoft të drejtat t'ona legale. Sa për popull nuk jam tue e kuptuëm se ç'do me thanë.

ALIU
Due me thanë se populli i jonë ende nuk ka mbërrim n'atë shkallën e naltë qi t'a çmojë vleftën e Atdheut e t'a shofi vethen e tij: se sot nuk asht kurrgja tjetrë veç se nji shërbetor besnik i Turkut, nji theror i pa za për me mprojt tokën dhe nderin e Turqis, nji mburues i hekurt e nji pritw e pa tundshme e Turqve për kundruëit çdo rrezikut;

e ky popull, a shpresoni se ka me e përkrah e ka me e preferue mendimin t'uej për me dektarue independencën Shqiptare tue mos marrë pjesë në luftë kontër anmiqvet të Turqvet? Veç asajë ai asht i influencuem dhe prej fesë e cila si kundër e di edhe ti ka qenë dhe asht mjeti ma i fortë e ma i sigurtë i Turqvet për t'i mbaruë qëllimet e veta.

ZEJNELI

(Ndes nji cigarre dhe tue thith e tue lujt kryët)
Ke shum të drejtë vëlla, se këtij populli që rrënkon nga padija, e asht myt në det të fanatizmës, me të vërtetë asht punë mjaft e vështirë qi t'i ndërrojsh mendjen e t'a bajsh të hjeki dorë me nji herë nga Turqia; se aj kujton se bashkë me Turqinë ka me i humb edhe feja.

ALIU

(Tue qeshë) Ha ha a e shef pra si erdhe ne fjalën t'ime?

ZEJNELI

Po erdha, erdha se ke arsyë. Populli i mjerë nuk e mendon se feja ruhet e mprohet vetëm kuër të keshë nji atdhë të lirë, ai s'e shef se Turqit me veprat e tyne dinake po i a çnerojnë e po i a poshtnojnë fenë, kombësinë e Atdhenë e tij.

ALIU

Por me gjith këtë Zejnel! disi ngjallet nji uzdajë, shkëlqen nji shkëndi shprese, se qëllimi i kësaj kryengritje a ma mir me thanë i kësaj lëvizjes kombtare në të cilën do të marrin pjesë intelektualët e nasionalistët e Shqipnis, nuk asht për me poshtnue e me i rrëzue nga fuqia Ittihadçijt si kuër kujtojnë disa, por na, mbas programit qi kemi e mbas marrveshtjevet të bame me disa zotnij kompetentë, do të përpiqemi të sjellim rastin e caktimit e të njoftimit të kufinjve politikë të Shqipnis në nji mënyrë qi populli të mbesi i hutuëm dhe i habitun përpara nji fait accompli-e. Mandej do të bwjmë nji organizim ushtëriak e civil krejt të veçantë nga ai i

Turqis e ajo do te ketë vetëm nji sovranitet mbi ne. Hej si thue ?

ZEJNELI.

Besa më duket se tepër vonë jemi zgjuë nga gjumi i randë e shum vonë na asht kujtuë me e gjykue andrrën e frikshme qi kemi pamë. Por mue asht tue m'ardhe mjaft çudi prej paris nasionaliste Shqiptare qi ka pasë lajme të sigurta mbi marrveshtjet e fqinjvet t'onë, për çfarë shkaku ne kongres të Dibrës ku qenë gjithë delegatët e Shqipnis nuk vendosi me i dhanë shkelmin Turqis? Po t'a bajshin athere nji fait accompli si kuër the ti e të baheshim shtet në vedi do të kishim shpëtuë me kohe nga rreziku qi po i drohemi sot.

ALIU

Hej vëlla! Veç asaj qi gishti i Zhon-Turqve lujti rrole të mbëdha n'at Kongres, por edhe na nuk ishim pregatitë edhe për nji kunorë t'atillë se kishim dyshim nga nji lëvizje e përkundërt të popullit.

ZEJNELI

Ke arsye, por besoj se nashti partija e jonë po shtohet e po forcohet dita më ditët.

ALIU

Po ashtu asht, por jo sa duhet. Zejnel nuk e di a e mban ment Hoxhë Vokën ?

ZEJNELI

Po si jo Ali, Seid Efendin qi përmendesh me emnin Hoxh Voka i Dibrës, ai qi ka ba për herën e parë në gjuhën Kombtare Ferrëfetijësin e Muhamedanve.

ALIU

Po, po, të lumtë! Shpirt ndrituni Hoxh Voka, kuër përpiqesh n'atë kohë me fuqinë e mendjen e tij për me ngjallë ndjenjai kombtare quhesh trathtuer e i pa feë nga partija kundrështare edhe populli i ngratë qi nuk e dinte të vërtetën e shifte me syë të keq e me mëni të madhe Hoxhën e mjerë. I ngrati nuk pushoj e nuk u lodh tue punue deri në çastin e fundit të jetës së vet për me sjellë nji rast si két të sotmin qi të munt të realizonte qëllimin kombtar, për të cilin u përvëlue e u ba theror. Hoxha ma tepër rrinte jasht se në shtëpi, herë n'Europë me Ismail Qemal Bej Vlorën, herë në Tripoli me Rexhep Pashë Matën dhe herë herë në Kosovë me Nexhip Bej Dragën. Vëlla! Lufta qi ka ba Hoxha në jetën e tij për me i dalë në krye këtij qëllimi nuk munt të rrëfehet me gojë, por duë me pruë fjalën e me të spjeguë se aji tue qenë nji hoxhë mjaft i dijshëm, dhe tue pasë ba edhe ca libra për mbi feën Muhamedane në gjuhën Shqipe, prap se prap nuk mundi me e sjellë ket popull n'atë drejtim qi dëshironte se nuk i besojshin.

ZEJNELI
I ngrati Hoxhë sa ka hjekë!

ALIU
Mos pyët. A e din ti se atyne qi përpiqeshin për çashtjen kombtare si Hasan Ballancës me shokë u thoshin këlyshët e Hoxhë Vokës? Pra vlla un shpresën e kam mbështetë n'aktivitetin e bashkëveprimin e nasionalistve Shqiptarë dhe n'interesat qi kan Mbretnitë e Mbëdha, për me mkambë nji Shqipni, e sa në popullin Shqiptar me gjith qi sot ka nji ndryshim të math.

ZEJNELI
Sot më tha Xhafer Tajar Beu se edhe Eles Jusufi me shokë két herë po bashkohet me na.

ALIU
Po. Kemi edhe Mersin Demën prej Homeshi e disa të tjerë. Prej shehrit të Dibrës po dalin në male për me u bashkue me na. Ismail e Sadullah Strezimiri, Izet Bej Maqellara, Hafëz Sherif Languja, Eqrem Cami, Shahin Cami, Nurçe Xhuglini, Shyqri Beu i Iljas Pashës, Qamil Daci, Rifat Miza, Dine Bej Maqellara e shum të tjerë.

ZEJNELI
A! Shum mirë.

ALIU
Veç këtyne kemi edhe katër oficerë Shqiptarë.

ZEJNELI
E kush?

ALIU
Ismail Haki Libhoha, Ismail Haki Peqini, Ismail Haki Korça dhe Ibrahim Gjakova. Të gjithë këta ndodhen në Dibër e do të ikin s'andejmi.

ZEJNELI
Oh, oh, sa mirë po u baka, edhe Tajar Beu po mer me vethe dy a tre qint ushtarë. Paçin kambën e mbarë!

ALIU
Dhashtë Zoti! Por ma parë duhet qi fatin t'a kërkosh, se, si ka thanë ai i moçmi: "prej oxhakut nuk vjen gja, tue ndej me duer në gji e me kambë në hi".

ZEJNELI
E pra, edhe ne fatin po e ndjekim, pa le të shofim se çfarë fryti do të na apij. T'a provojmë nji herë, por, me kusht qi me mos i u nda kurrë.

ALIU
Po, se kushti ma i parë edhe ma me randësi, në krijimin e çdo pune, asht përpjekja e pa ndame, pa u mërzit e pa u kursye.

ZEJNELI
Atdheu, vëlla, me kët mënyrë ne po na ngarkon nji barë të randë, por mjaft të shenjtë. Ne, si djelm të rij qi jemi kujtoj e jem sigur se nuk do të kursehemi në të kryemit e saj.

ALIU
Përveç djelmve të rij, të pakët janë ata qi i lëshojn krahun e djathtë kësaj nanës së mjerë, për me e shpëtue nga robënia. Prandej vetëm përpjekja, energjia dhe bashkimi i masës së re, ka me i dhanë jetë e s'ka me e lanë kështu të mekët. Sot për të, po mprehen sa e sa shpata, po pregatitet gropa e

madhe e vorrit. E ne, si bijt e saj qi jemi a na ka hije me heshtun? Jo kurrë! Po duhet lë përpiqemi. Deri më sot kemi luftue me pendë, e mbas këndej n'e kërkoftë nevoja duhet edhe me armë. Dhe me ndihmë të Zotit nuk do t'i përulemi me ngjallje atij anmiku qi të zgjasi atë dorën e thatë e të zezë me na rëmbye tokët t'ona! Nuk do të rrojmë, por do të vdesim para se të na shkilet nderi e Atdheu! Nuk kemi me e durue... *(bije dera) (Aliu e pret fjalën dhe pyet hidhshëm)* Kush je ti?

(Nji za prej së jashtmi) Më ka çue Xhafer Tajar Beu, Zotni! *(Të dy venë duert në armët e brezit).*

PERFLIM I II-TË.
Aliu, Zejneli, nji ushtar

ALIU
(Hyn mbrenda. Hyn ushtari dhe mbassi i përshëndet i nep nji letrë Aliut)..

ZEJNELI
(Ushtarit) Ku asht Xhafer Tajar Beu?

USHTARI
N'odë të vet Zotni.

ZEJNELI
Shum mirë. Dil e'prit pak jashtë.

USHBARI
Mir Zotni. *(del)*

PERFLIM I III TË.
Aliu, Zejneli

ALIU
(E hap letrën dhe e këndon me za)

Shokë! Si kuër se kemi bisëduë, un tash po nisem për Elbasan. Ju mos u vononi e nisuni sa ma shpejt. Si kuër ju pata thanë edhe me gojë tue qen se Bllaca e Dibrës ka me qenë qendra e përgjithëshme, me të shpejtë duhet të mrijni atje dhe të bani lidhje me çetat e tjera, tue veprue mbas programit e mbas kuvendit qi kemi lith. Lamtumirë! Monastir: 9 Qershuër 1912, Kapidan, Xhafer Tajari Aliu.

(Si e mbaron letrën e shef Zejnelinn me nji veshtrim pyetës) E Zejnel? A rrimë dhe pak a po nisemi?

ZEJNELI
Si të duësh.

ALIU
Ma mirë nisemi me kohë.

ZEJNELI
Fort mirë. T'a thëresim ushtarin dhe t'i thomi të shkon *(i thërret ushtarit)* ushtar, ushtar!

PERFLIM I IV-TË.
Aliu, Zejneli, Ushtari.

USHTARI
(Hyn mbrenda) Urdhëno zotni!

ALIU
Shko e thuëj Xhafer Tajar Beut, mirë. E kuptove?

USHTARI
Si urdhënon e kuptova zotni. (i përshëndet dhe del)

PERFLIM I V TË.
Aliu, Zejneli.

ALIU
E Zejnel gatitemi?

ZEJNELI

Po, vetëm kemi haruë nji sent.

ALIU
Ç' far?

ZEJNELI
'Kemi harruë me e lajmëruë Drejtorin e shkollës.

ALIU
E mbasëndaj, të na zinte? Jo ore vlla!

ZEJNELI
Na nuk i lishim rast me na zanë se i shkrujshim nji letrë dhe i a dërgoshim mbas si të largoheshim prej këndej.

ALIU
Lene pash Zotin se nuk turpënohemi me at turkoshak.

ZEJNELI
Jo nuk e kam për atë, por duë qi mbas largimit t'onë të mos thotë se jan pa disiplinë e pa edukatë, Shqiptarët.

ALIU
Edukata nuk dëftehet në të këtilla raste.

ZEJNELL
Ashtu more vlla, por mbassi kemi qenë nga nxansit e klasit të fundit të shkollës ushtëriake, gadi për me u ba oficera, duhet qi edhe në kësi rastesh të dëftehemi të disiplinuëm.

ALIU
Hei Zejnel! Ke të zanka meraku me Drejtorin e Shkollës, me atë Ittihadçi qi gjithmonë na shifte me sye të keq për shkak qi ishim Shiptarë; lene dish Zotin e hajde t'ikim, *(ngrihen në kabmë)*

ZEJNELI
Mirë pra. *(tue nënqesh)* A mund të sosim nesër mrama në Bllacë?

ALIU
(me buzë në gas) Ke ajo qi të çoj letrë?

ZEJNELI
(tue qëshë) Pse a vetëm un mora letrë? Po ti prej Tushes?

ALIU
Mirë po un s'po ngutem.

ZEJUELI
As un jo, po na ngut puna.

ALIU
Mirë pra mirë *(kthehet nga tavolina dhe merr e vën mauzerin, rovelin, dy bombët mbi të, dhe i thotë Zejnelit)* Zejnel veni dhe ti armët mbi tavolinë qi të betohemi.

ZEJNELI
Shum mirë. Detyra e parë e nji lultarit qi niset për nji qëllim të shejtë, me të vërtetë asht betimi i tij mbi armë *(merr armet e i vën mbi tavolinë)*.

ALIU
(Nxier nga kuleta e letravet nji flamur të kuq, të vogël, si shami, me shqiponjën dykrenore në mest, dhe e ve mbi armët) Athere vlla, betohemi, përsëriti fjalët e mia.

ZEJNELI
Mirë.

ALIU
(Me zë të naltë e me seriozitet të plotë): "Betohemi para këtij flamuri të shejt kuq e zi, dhe para armëve kreshnike tue dhanë fjalën e nderit e besën Shqiptare se do të përpiqemi me të drejtë dhe do të luftojmë pa u drashtë për shpëtimin e lirin e Shqipnis. Si stërnipat e Kastriotit qi jemi detyrohpmi me e çuë në vent fjalën e nderit qi apim para këtij Flamuri. (i

napin dorën njani tjetrit) Besa besë! Besa besë! Besa besa! *(puthen buzë më buzë dhe mbas si ngjeshin armët, i hudhin jamurllikët krahavet dhe dalin).*

Mbyllet napa

PAMJE E DYTË

(Sqena dëften nji kopësht pranë shtëpis së Sadik Veriut në Bllacë të Dibrës. Tushja e Nailja janë ulë mbi bar të njomë e i kan kthyë shpinën gardhit. Nailja po ban çorape, Tushja ka nji libër në dorë.

Të dyja janë veshë me robe malësoresh qi veshin në malësiat e Dibrës, me dollamë të zezë e gajtane të kuqe, me krye të lidh me shall të bardhë, me opinga e gjalma të thurme përkambe.)

PERFLIM I I-RË.
Tushja e Nailja

TUSHJA
O Naile! E sa u banë qi kam ardhë un këtu? *(tue numurue me gishta)* Dy javë në Mars. Mars, Prill a? Si?

NAILJA
(Ngren kryet) Nuk ka ma tepër se tre muej.

TUSHJA
E shef pra për tre muej *(tue i kallzue librin)* sa kam mësue? Si thuë ti? A po jo?

NAILJA
Jo po, edhe fort bile, sa nuk shpresohesh.

TUSHJA
Edhe un nuk besoja Naile se do mundem me e nxanë kaq shpejt, por meraku i math qi pata më ndihmoj e më shtyeni me e mësue. A e din Naile se edhe n'andërr më shtireshin mësimet e ditës qi mirrjem prej teje.

NAILJA

(qesh)

TUSHJA

Asht punë për me qeshë, por un e kishje damë mendjen a me e mësue a me plas.

NAILJA

(Qesh prap)

TUSHJA

E pse qesh Naile?

NAILJA

Jo kot, vetëm më vjen të qesh prej merakut t'ant qi të shtyni me e nxanë Shqipen kaq shpejt.

TUSHJA

Po pse? A keq ?

NAILJA

Jo, përkundrazi, shum mirë, se robi duhet të dijë çdo gjuhë, si do mos të vetën lypset t'a dijë me do e mos.

TUSHJA

At here un qënkam fatbardhë.

NAILJA

Poo. Edhe duhet t'a dijsh, se të kishte qenë nji tjetrë në vent t'at s'kishte me e mësue kaq shpejt, por prej merakut të math qi pate, në krye të tre muajve, po shkruën e po këndon shum bukur. E beson ti se un tue pasë nji tufë shoqe edhe memzi u msova për pes gjashtë muej?

TUSHJA

E ku kështu?

NAILJA

Në Selanik. Athere im atë ishte kavas në konsullatën e Austris e mbassi merrte rrogë të mirë nuk kursehesh për mue, e veç asaj qi vazhdojshe në shkollën Turke, por fillova me mësue edhe Shqip privatisht. Mësuesit i paguejë nji lirë Turku në muej.

Ishim tremëdhetë shoqe, por as njana s'mundi me e nxanë Shqipen kaq shpejt sa ti.

TUSHJA

Po im atë sa i gëzuem asht pse un kam nxanë me këndue.

NAILJA

Asht e ditun, cili asht ai atë qi të mos gëzohet e të mos kënaqet kuër fëmija e tij të mësojë me këndue e me shkruë? Veç kësaj, yt atë ty të shpëtoj nga rreziku i Adem Lymanit mbassi të suëll këtu, se po të ishje atje ai ja të kishte rrëmbyëm ase të kishte vramë se më patën thanë qi të ka dasht fort.

TUSHJA

Qoft e bardhë ajo ditë qi erdha këtu motër.

NAILJA

Me të vërtetë ditë e bardhë. Po Aliu sa do të gëzohet Tushe! Kuër të marri vesht se ti ke nxanë me këndue?

TUSHJA

(Qesh)

NAILJA

Pse qesh?

TUSHJA

Kot kot! Po ai do t'a ketë marrë vesht.

NAILJA

Si t'a marij vesht? A po i ke...

TUSHJA

(I pret fjalën) Un i kam diftuë.

NAILJA

Si? Duket se i paske shkruë?

TUSHJA

(tue qeshë) Poh.

PERFLIM I II-TË

Të parët dhe Ali Vorfi e Zejnel Dreni.

(Vjen Ali Vorfi e Zenel Dreni e mbas si i shofin këta tue bisedue, mëçifen mbas gardhit për me ndëgjuë).

NATLJA
E kuër i ke skkruë Tushe?

TUSHJA
Ka dhetë ditë.

NAILJA
T'a shof se ç'i ke shkrue? M'a nep t'a shof!

TUSHJA
S'ka gja, po m'a nep t'a shof nji herë.

TUSHJA
T'a nap po mos tallesh.

NAILJA
Jo për kryet të Zejnelit.

(Zejneli luën vendit e ban me u ngritë, por Aliu e mban)

TUSHJA
(Qit nji letrë nga gjini dhe i a nep) Na kopjen, këndoje pra, por në qoftë se ke me qeshë?!...

NAILJA
(Me buzë në gas) Jo, jo. *(Fillon me e këndue letrën me za):* I dashtuni i em Ali! Un kam mësuë me këndue e me shkruë Shqip. Me dorë t'eme po e shkruëj kët letrë. Të lutem të m'i falish gabimet se hala nuk e kam nxanë mirë. Pres edhe prej teje nji gisht letrë. Un gjindem në Bllacë ke Mixhë Sadiku dhe Nailja po më mëson. Lus Zotin qi të jeshë shëndoshë. Fort më ka marrë malli a nuk do të vijsh për së shpejti? Të lutem më dëfto. Të due, të due të duë fort. Unë e jotja për jetë. Tushe, Bllacë 30 Maj 1912

NAILJA

Të lumt Tushe, fort bukur e paske shkrue. *(e palos letrën dhe i a nep).*

TUSHJA
Të shofim se a do të marrë përgjigjje?

NAILJA
Poh!

TUSHJA
Ç'ke Naile? për se e ule kryët ashtu e u kuqe?

NAILJA
(E skuqme) Jo... S'kam gja.

TUSHJA
(Me merak) Të lutem më kallzo ç'ke? Se po më ban merak.

NAILJA
Jo s'kam gja për ty; po më kallzo, me cilin i a çove letrën Aliut?

TUSHJA
Me qiraxhi Ramën qi shkon për gjith javë në manastir.

NAILJA
(Tue luëjt kryët dhe me sy përdhe) Poh!...

TUSHJA
(Ma me merak) Fol pra o Naile! Më kallzo ç'ke? Se m'a plase shpirtin.

NAILJA
Ah motrë un jam bamë shum marak për Zejnelin, se njizet ditë përpara i çova nji lëtrë e nuk m'u përgjegj e...

TUSHJA
(I pret fjalën) A për këtë bahesh merak? Of Naile, po munt qi letra nuk i ka ranë në dorë, un kujtova se ç'asht. Sa herë qeraxhinjt i harrojnë letrat në për xhepat dhe u a napin te zotënvet mbas nji muëj?

NAILJA
Dhasht Zoti ashtu të jetë! Po letrës së dytë qi i kam

çuem me Ramën për se nuk m'i u përgjegj ?

(Zejneli don me u ngritë por nuk e len Aliu)

TUSHJA
Po, si i paske çuë edhe me Ramën?

NAILJA
Poh, i çova por kam frikë se...

TUSHJA
Mos ban merak se për Zotin s'ka gia, se po të kenë ndo nji të keqe ata, muë m'a ndiën zemra e në të shkoft mendja për ndryshe je kot se ai në ty e ka lith zemrën.

NAILJA
(Me dishpërim) Ah Tushe! Zemra munt të vidhet, e un nuk jam si ti me kunorë qi të mos kem frikë. Vetëm nji shenj kunore nuk mjafton për me e lidhë atë me muë e me më sigurue me besnikërin e tij.

TUSHJA
Jo moj motrë pra nuk asht ashtu, hiqi keta mendime të këqija se shenji i kunorës në këta male asht ma i fortë se kunora, po m'a nep letrën t'ande t'a këndoj nji herë.

NAILJA
Ç'e do, dish Zotin?

TUSHJA
Pse a do t'a mshefish prej meje ?

NAILJA
(E qit letrën dhe i a hudh Tushës në prehën) Of ne ti Tushe ma, merre pra, këndoje si kuër do të mëçef gja un prej teje.

TUSHJA
(E merr letrën dhe mbassi e hap i a nep prap Nailes) Na, na, këndoje vetë, se un s'munt t'a këndoj aq shpejt.

NAILJA
(E çqetsueme) Of ma si je dhe ti Tushë! dëgjo pra:

(fillon me e kënduë)

Shpirti i em Zejnel! Me anë të ktyne rrjeshtave qi po të shkruë i ftodhiinsunin e dashunin e zemrës s'ate, e cila m'u asht dukë ma e fortë se guri.

Duhet t'a dini Zejnel, se zemra e ime qi kuër jemi hasë në Manastir, asht tue u djegë e shkri për ty, e vetëm për ty, se ajo athere m'u kje vjedhë prej teje e m'u kje plagosë me shigjetën e dashunis qi e hudhe ti.

Ah Zejnel! Mjait durova ma! A s'të vjen keq! A s'të dhimbet pak bija e vetme e nji familes qi e ke shtyë në rrezik e asht tue u tretë si vdora prej Diellit nga dashunia e madhe qi mban në zemrën e shkretë të saj për ty? Për se o shpirti im nuk më shkruën? Për se? A po u shuë aj zjarrmi i dashunis qi më kalizojshe n'at kohë, kuër un të hapa zernrën e të dhash besën.

Do të jem ma e ngrata dhe ma e mjeruëmja e gjithë femnavet të kësaj Bote në qoftë se vazhdon kjo ftohtësi. Të lutem edhe nji herë o i dashun, mos u ban shkaktar qi të më shkojë kjo jetë në dëshprime, kij dhimsuni e mos u dëfte kaq i ashpër para nji vajze të pa fajshme, qi të don ty ma fort se vetëhen.

Me syë të perlotuëm e me zemrë të përvëluëme i ap funt fjalëvet tue kërkuë lejë me të puth në buzët, mallshëm.

Jotja me besë, Naile

(Zejneli luën vendit, e mban Aliu)

TUSHJA
Ah Naile! Ke m'a fike zemrën, m'a dogje shpirtin; e ku i paske gjetë gjithë këto fjalë?!

NAILJA
(E palos letrën dhe e fut në gji, ul kryët, i pikojnë lotë) Ah Zejnel! Ah!

(Zejneli prap luën vendit)

TUSHJA

Mos u dishpëro kaq tepër o motrë! E andra qi t'a diftova, ka me na gëzue të dyja (i afrohet dhe e kap për qafe e e shtërngon me dashuni) Ndëgjomë, se për Zotin do të gëzohemi, mjaft ma se (i trashet zani) po më ban të qaj edhe un.

(Aliu e Zejneli ngrihen në kambë e kapërxejnë gardhin me nji herë tue i u thanë) Mos qani se erdhëm.

(Tushja e Nailja tristojnë edhe hovin me nji herë në kambë e tue mbleth krahët "struk" bërtasin) Prattoj!...

(Vijnë ballë për ballë Zejneli me Nailen e Aliu me Tushën)

ZEJNELI
(Nailes) Pse ikë o shpirtë? *(i afrohet)*

ALIU
(Tushes) A s'më njef moj Malësore? *(i afrohet)*

(Nailja e Tushja habitshëm qëndrojnë)

NAILJA
(Zejnelit) Ah Zejnel, ti qenke? A s'jam andërr?

TUSHJA
(Aliut) O shpirti im! Ali?!...

(I aviten shoqi shoqit, meren në grykë edhe ulen Aliu pranë Tushes e Zejneli ngjat Nailes)

TUSHJA
(Nailes) Hej Motrë e shef si më duël andrra?

NAILJA
(Tue nënqesh) Poh besa.

ALIU
Ç'far andre o Tusshe? A e paskeni zanë punën me andrra?

TUSHJA
Jo s'ka gja, por i kishje kallzuëm kësajë nji andërr.

(Aliu e Zejneli shikojnë njani tjetrin tue nënqesh)

ZEJNELI
(Tushes) Po ti Tushe e kishje mësuëm Shqipen? *(me qesti)* A nuk pate frikë se po bahesh kaurreshë?

TUSHJA
T'ishte qi t'a prishte Shqipja fënë, nuk kishte me na e dhanë Zoti për gjuhë.

(Aliu e Zejneli qeshin ha ha ha) ! ...

ZEJNELI
Të lumtë Tusshe!...

NAILJA
(Zejnelit e Aliut) Po ju nga erdhët këtu? Urdhënoni të hyëm në shtëpi se miqt nuk priten në kopsht.

ALIU
Të falemi nderit moj zemër-bardhë.

NAILJA
(E kap Zejnelin për dore) Ah Zejnel sa zemër fortë paske qenë! Edhe letrat i kursejshe për muë?!

ZEJNELI
(Nailes) Ç'i do letrat moj Naile ja ke erdha vetë me të pam.

ALIU
(Tushes) Po ty moj Kastriote a nuk të merrte malli për muë?

TUSHJA
(I lëshon krahun dhe e kap në qafët) Ah shpirti i Tushes! A asht e mundun qi të mosm më merr malli? Tristova kuër të pashë.

NAILJA
(Zejnelit) A je në besë o lofkë?

ZEJNELI
Do e mos. E si munt t'a thyëj besën qi të kam dhanë?

(Ndëgjohet zhurmë të hecuni dhe Nailja me nji herë e kthen kryët).

NAILJA
Oh baba! *(hof në kambë dhe i del pëtpara, të gjithë ngrihen në kambë)*

PËRFLIM I III-TË
Të parët dhe Sadik Veriu, Osman Gjini, Sejfa e Sula.

(T'armutosun e veshun me Kostum Dibre).

NAILJA
(Si kuër don me i a kallzuë ardhjen e Zejnelit t'atit, Sadik Veriui) Babë, Zejnel Dreni!

TUSHJA
(Osman Gjinit, t'atit, po n'at mënyrë) Babë! Aliu.

SADIKU E OSMANI
(Me nji za) Oh! Ne jerni pamë ma parë.

NAILJA E TUSHJA
(Me hahi) A! Ashtu!...

SADIKU
(Aliut e Zejnelit) A nisemi ma se u ba vonë?

ALIU
Nisemi. Po shokët a s'erdhën ?

OSMANI
Po erdhën dhe po na presin ke Kodra e Shenjtë.

ALIU
(Zejnelit) At herë vëlla, ja nisemi?

ZEJNELI
Po!

TUSHJA
E ku po shkoni kështu?

ALIU
(Me buzë në gaz) Në dasmë.

TUSHJA
Ç'far dasme?

ALIU
N'at dasmë qi me Zotin para do t'a martojmë Zujushën Shqipni e kemi me i vuë nji kunorë të lumnuëshme dhe...

NAILJA
(I pret fjalën) Ç'po thoni kështu?

ZEJNELI
(Nailes) Asht tue thanë të vërtetën.

TUSHJA
Hej?...

SADIKU
(Së bijës me serjozitet) Moj bijë ç'po të lypset ty? Pse lodhe kot? Ne po dalim në mal, se e don nevoja e Shqipnis a e kuptove?

NAILJA
E kuptova, po ne a do të vijmë me ju ?

OSMANI
E ku me shkuë ju?

TUSHJA
Edhe ne, në mal or Babë? Bashk me ju!

ALIU
(Tushes e Nailes) Ndigjoni këtu! Nuk ka ardhë koha hala qi të delni në mal edhe ju femnat, se mos e dhant Zoti n'arthtë ajo kohë, at here me duërt t'ona kemi me ju a dhanë armët për me i ba ballë rrezikut me pushkë në dorë si Shqiptarka qi jeni. *(U kthehet shokvet)* A s'asht kështu?

(Të gjithë) Po! Po!

SADIKU
Nisemi se u ba vonë.

ALIU
(Sejfës) Ti Sejfë shko e meri armët t'ona dhe na dil para në rugë.

SADIKU
Po nisemi të gjith ma, se u ba vonë.

(Nisen, Sadiku dhe Osmani i puthin në ballë bijat e tyne tue u thanë: "Lamtumirë" Aliu Tushes dhe Zejneli Nailes u apin dorën tue u thanë: "U gjeçim shëndoshë") (Tushja e Nailja bajn gëdhele në të dhanmit të dorës)

TUSHJA
Jo, jo, do të vijm edhe ne!

NAILJA
(E dishpërueme) Hof, un e ngrata! (përplas duërët)

TUSHJA
(e harlisun) Hofshoto! E mjera unë! (Ven dorën në zembër)

NAILJA
Po ne ?

TUSHJA
Si të duesh. U shkojm mbrapa, në daçin le të na vrasin.

NAILJA
Shkojm, shkojmë !

(Dalin të dyja me shpejti)

Mbyllet napa

PAMJA E TRETË

(Sqena diften nji odë në shtëpi të Zejnel Drenit në Bllacë, koha asht mbas mes dite, jan varë në për mure tetë mauzerë me gjihh rypat e fëshekve).

PËRFLIM I I-RË
Ali Vorfi, Zejnel Dreni, Sadik Veriu, Osman Xhini dhe dy Malsorë.

ALIU

Folni pra si me i a ba? Veç bashkimit s'na ka mbet tjetër çare; se si kuër e dini edhe ju, kuër e bamë lëvizjen kombtare në kohë të Turqis, nuk mundëm me fituë gja pse nuk kishim nji bashkim të vërtetë e kështu përfituën anmiqt t'onë e i zbatuën planet e tyne: për pak gja kjem tue mbet në për male për jetë e për faqe të zezë. Kështu vetëm mbetën 14 pikat e Kosovës qi gjoja Turqit i kishin pranuë, por kurrgja në shesh nuk u pa. Edhe në luftën Ballkanike nga mos bashkimi qi patëm, humbëm fare dhe e suëllëm Shqipnin në këtë ditë të zezë, i dhamë shtek Serbit për me e zaptuë Shqipnin. Popolli i ngratë i gabuëm mbas Turqve, muër pjesë në luflë pa no nji regull dhe pa pasë as munisione, hyni në zjarm e u doq kot për Turqit.

ZEJNELI

Turqit vetëm mendoshin se si me i ruëjt dyërt e Stambollit se për tjetër vent nuk çajshin kryët.

ALIU

Po ne ç'fituëm? Kurr nji seut! Veç se e fikëm vetëhen e Shqipnin. Ti Zejnel shkove në Manastir e luftove kontra Grekve në Follorinë, po ç'farë dobije i solle Atdheut? Asgja, veç se fitove nji plump t'anmikut në kambë dhe lëe nj'a nji qint Dibranë të vdekun në fushë të Follorinës. Un shkova deri në Lesh me fuqin e Matjanve qi kryesohesh prej Ahmet Bej Zogollit, por edhe ne nuk qitëm gja në dritë, veç se lamë nj'a tetë-nandëdqintë Matjanë të vdekun e të plagosun e u kthyem të mundun prej anmikut e të trathtuëm prej Turqve. Ata shtatë-tetë qind Dibrauë qi shkuën në Shkodër u rethuën prej anmikut dhe gadi të gjithë u banë fëli. Pra politika e ndyet e Turqve qi ndiqshin, dhe gjindja e tyne parti me parti, i dha shkak prishjes së tyne dhe të Shqipnis së pa fajshme. Por ata shpëtuën ma lehtë se si tha Zejneli: dyërt e Stambollit i ruëjtën; po, na u pushtuëm prej anmikut.

OSMANI

Fati i shkretë i Shqiptarvet qi s'kan pasë nji prijs të mirë e besnik.

ALIU

Ke të drejtë. Po ç'me ba qi gjith këto qi ka vuëjt Shqipnia deri sot, i kan ardhë nga ata Shqiptarët qi kan pasë punë në dorë por kan qenë trathtorë. Sot me gjith qi jan njoft kufit e Shqipnis nga konferenca e Llondrës, Serbët nuk po dun me i liruë kufit t'ona. Veç kësaj shehëri i Dibrës së Madhe ka mbet nën Sërbinë. Prandaj me doemos duhet të bashkohemi e të besatohemi për me i ra anmikut e me e shporrë nga trojet t'ona. Hej si thoni?

SADIKU

Edhe un jam në mendje t'ande.

ALIU

Shifni, shifni, se si po luftojnë Matjanët e nuk po e lanë anmikun me i shkelë tokët e tyne. Po ne, a s'do jemi të zotët sa Matjanët?

OSMANI

(I pret fjalën) A, më fal Ali! Ke i përmende Matjanët m'u kujtue me të pyet, si erdhe prej Mati tu qenë rugët të zanme prej Serbëvet?

ALIU

Mos pyët, mal në mal e me nji mijë zahtnete por s'po kam gajle se harohen ato në qoftë se shpëtojmë prej këtyne Sërbëve.

OSMANI

Me Zotin para do të shpëtojmë bre!... Me Elez Jusufin e me parësin e Dibrës së Poshtme shkoj e merrem vesh unë, e sa për të tjerët kujtojuni vetë.

ALIU

Fort mirë. *(Zejnelit)* Sa jemi sot Zejnel?

ZEJNELI

Sot, sot jemi 17 Kallnuer 1913.

ALIU

Kujtoj se për tri javë munt të merremi vesht me

njani tjetrin e munt të përgjithsohet besa.

ZEJNELI
Duhet të gjejmë njerës besnikë e të kuptueshëm për me i çuë në Lumë, në Çermenikë, në Mat e në Mirditë për me lith besën n'emën të Dibrës.

ALIU
Po. Kjo pikë duhet të mendohet mirë se ka randësi të posatshme. Sa për Mat mos mendoni se Ahmed Beu më ka dhanë besën vetë.

SADIKU
Po a nuk ban me u shkruë letra?

ALIU
Po ban. Por duhet qi të çohen edhe njerës, se ju malsorët punët nuk i bani me letra por me fjalë.

PËRFLIM' I II-TË
Sadik Veriu, Osman Xhini, Ali Vorfi, Zejnel Dreni, dy Malsorët edhe Sula.

(Ndëgjohet jasht nji za, ngrihet Zejneli me pamë, me hof hyen mbrenda Sula)

SULA
(Me ngutsi) Krisi pushka!

TË GJITHË
(me nji herë dhe me habi) Ku more?

SULA
Në Topojan e në Çerenec.

(Të gjithë mbërzitshëm) Heja!

ALIU
(Sulës) Kush të tha more?

SULA
Më tha nji Topojanas qi ka ardhë për me kërkuë ndihmën e Zotnis s'uëj.

ZEJNELI
Kush asht ai more?

SULA
Nuk e njof besa Zotni.

ZEJNELI
Thuëj të vij këtu.

(Sula del)

PËRFLIM I III-TË
Zejneli, Aliu, Sadiku, Osmani, dy malësorët,
Sula edhe malësori.

ALIU
(Populli) Hej more dreq! Ke na plasi ndër duër pa u pregatitë.

MALSORI
(hyn mrenda) Ju ngjat-jeta Zotnis s'uëj!

TË GJITHË
T'u ngjat jeta!

ALIU
(I ngutshëm) Hej more çka ngjau?

MALSORI
Besa u vramë me Serbt Zotni!

ALIU
(Me shpresë të preme) Mos more burrë! *(Të gjithë shofim njani tjetrin dishpërueshëm)*

MALSORI
Besa more zotni. Na atje e kemi nisë nji dasmë të vogëlë po të shofim se si ka me na dalë.

ALIU
(I fut duërt në xhept të pantallonave) Po kuër plasi pushka?

MALSORI
Sot mbas dreke.

ZEJNELI

Përse? E si filloj?

MALSORI
Kishin ardhë prej Shehrit të Dibrës nj'a nji qind Sërb për me marrë bar, por këta të harbuëm nuk vinin si njerëzit e si asqer i mirë, por na vijnë si të egrit e si bishat e malit. Jo vetëm barin, qi zuën me e mbledhë ku do qi gjijshin dhe pa pyet të zotët, por edhe zunë me vra pula, dhen e viça, e ç't'u shifte syni. Nj'a gjasht vetë na futëu në livatht të Ram Dautit e me thikë therin nji lopë të tij qi e kishte pas qitë në kullotë me loparin. Lopari kuër e shef lopën të therme, ik me të shpejtë tue drusht se mos i ka ardhë rendi mbas lopës. Por Serbt, shtien mbi të dhe e vrasin. Mbassi u muër vesht puna, rrokëm armët të gjithë dhe u duëlëm për ballë.

SADIKU
Hej medet!

OSMANI
Po mbasandaj?

MALSORI
Nja gjashtdhitë u vranë e të tjerët ikën.

OSMANI
Hej more dreq!

ZEJNELI
Po ma?

MALSORI
M'anë t'onë kemi vetëm nji të plaguëm.

ALIU
A u dhat haber katundeve tjera?

MALSORI
Nëpër katundet tjera kan shkuë të tjerë, muë më çuën këtu se sonte natën duem me i zanë të gjithë shtigjet qi të pritet rruga, se kemi frikë mos na vij fuqija Serbe natën.

ALIU
(shokve) Nisemi pra or shokë se koha s'pret.

ZEJNELI
Poh nisemi, dhe i apim haber katundit.

SADIKU
Po.

PERFLIM I IV-TË
Të parët dhe Elmazi

(Me nji herë dhe me ngutsi të madhe hapet dera, të gjithë kthehen nga dera, hyën Elmazi e bërtet)

ELMAZI
Mos rrini bre se u ba kijameti!

TË GJITHË
(habitshëtn dhe të shtangun) Ç'asht more?

ELMAZI
(I ngutshëm dhe i idhnuëshëm) Na hyen Serbët në shtëpi e deshtën me na e zanë Tushen e Nailen.

ALIU
(i turbëlluëshëm) Si?

ZEJNELI
(I habitun) Qysh?

ELMAZI
Deshtën me na marrë namuzin bre!

TË GJITHË
(Të ndezun në zemrim) Heu!

ALIU
(tepër i idhnuëshëm) Armët bre!

ZEJNELI
(Elmazit) Po DAliu ç'u ba more dreq?

ELMAZI
E vran Serbt, se u përpoq ballë më ballë me ta.

OSMANI
(Tue u nisë) Shpejt, shpejto!

SADIKU
(Me zemrim dhe tue u nisë) Pushkën bre! *(Të gjithë i marrin armët qi kan qenë varë dhe nisen me vrap)*

Mbyllet napa

PAMJA E KATËRTË
(Sqena kallzon nji odë të vjetrë fare në nji shtëpi në katundin Lis të Matit, në mur janë varë tri pushkë).

PERFLIM I I-RË
Nailja, Tushja, Bejta, Shega, Lulja, Sadik Veriu, Ali Vorfi.

(Nailja asht shtri në nji shtrat të keq e po dergjet. Pranë shtratit asht ulë Tushja, Bejta, Shega dhe Lulja. Sadik Veriu e Aliu janë në kambë tue biseduë. Nailja rënkon).

SADIKU
(Aliut kadalas dhe lark shtralit) Ali! Ali! Të kishim pasë nji mjek! Shif nji herë se sa randësi ka mjeku!

ALIU
Ke të drejlë, po ku me e gjete mjekun në reth të Matit, në këtë malsi?!...

(Nailja kollet nga pak dhe vazhdon në rënkim).

SADIKU
Shif, shif, si kollet?! Si kuër të jetë zik! *(Kthen kryët me e pamë).*

ALIU
(Popullit) Hala nuk e paska kuptuë se ajo asht zik dhe e mbarueme! I ngrati!

SADIKU
(Kthen kryet) Si?

ALIU
Jo, kurgja!

SADIKU
A zik asht, a tifo ka? Si thuë ti Ali?

ALIU
Jo xhanëm, as njanën. *(popullit)* I ngrati at! Sa më dhimbet!

SADIKU
Si or jahu i u ban ma tepër se katër muëj qi kemi ikë e kjo që athere po dergjet.

ALIU
Mos ban merak se s'ka gja! Hiç mos kij gajle!! *(kthen kryet dhe e shet)* Qe, si e zuë gjumi.

SADIKU
(dhimshëm) Ah! ku e kam atë fat un! *(I afrohet shtratit ngadalë)*

(Aliu ulet në nji kant rri, e mendon)

(Nailja kollet dhe rënkon)

SADIKU
(Popullit) Ah un i mjeri!

NAILJA
Hof maa! Plasa bre nanë! *(luën e përpiqet në shtrat).*

BEJTA
Ç'do moj bijë! Ç'do o dritë?

NAILJA
Nanë! Të kam thanë, të shkojmë në Dibrë, në shtëpi t'ouë Të shkojmë edhe nji herë se po plas prej të keqes. (Me nji za të kandshëm dhe të dhimshëm) s'duroj ma... Of! *(Përpiqet)*

SADIKU
(Me vethe) Of bija e babës! *(largohet nga shtrati*

e shëtit)

BEJTA
(I merr dorën Nailes dhe tue i a fërkuë) Mos kij merak moj bija e nanës se do të shkojmë, po ç't'i bajmë Sërbve qi na vrasin. Të presim edhe pak.

NAILJA
(Tue luëjt kryet nga dalë) Ah ! moj nanë!

BEJTA
(Vazhdon) A harrove moj e menshmja e nanës se kemi ikë prej Dibre këtu në Mat prej frikës së Serbve? E si munt të shkojmë tue qenë Serbt atje?

NAILJA
Ah! Të shkojmë, të shkojmë!

BEJTA
Poh moj bijë poh, do të shkojmë *(Popullit)* Ah, me qenë nuk i lishim shtëpijat e gjith ata të mira! Por frika e tyne na suëll këtu e në këtë gjëndje.

SADIKU
(Kthehet me nji herë dhe i afrohet së shoqes dhe i thotë kadalas por idhnuëshëin) Pusho mori mos i a kujto ma ato të zeza! *(popullit)* Si duket gruëja s'asht në ment.

(Nailen e zen gjumi)

PERFLIM I II-TË
Të parët dhe Sejfa

(Hyn mbrenda Sejfa me nji letër në dorë dbe i a nep Aliutt)

ALIU
(E mer letrën) Kush t'a dha Sejfë?

SEJFA
M'a dha nji njeri qi edhe unë besa nuk e njof, por më tha se do të vinte nesër për me biseduë me Zotnin t'uëj.

ALIU

Mirë.

(Sejfa del)

PERFLIM' I III-TË
Të parët

(Aliu ulet mbi nji shkamp në skaj t'odës, dhe hap letrën, Sadiku i afrohet tue ecë nga dalë)

ALIU

(Me za t'ulët) Hej si duket?

SADIKU

E muër gjumi, por s'besoj se do të flen, asht në kllapi.

ALIU

S'ka gja, jo, se i shkon, po ri e t'a këndojmë kët letër.

(Sadiku ulet ngjat Aliut)

ALIU

(E hap letrën dhe mbas si i hudh nji veshtrim nënshkrimit të sajë tholë): I robnuëmi.

SADIKU

Kush?

ALIU

I robnuëmi.

SADIKU

E kush asht ky i robnuëmi?

ALIU

Ky asht Salih aga Vulnetari nga parësia e shehërit të Dibrës, burrë me ment e me besë, Shqiptar i vjetër, asht nga shokët e Hoxhë Vokës.

SADIKU

E dij, e dij, do të jetë aj qi i shkrujte ti disa ditë përpara.

ALIU

Poh, poh.

SADIKU

Këndoje pra të shofim se ç'thotë, po paska shkrue katër tabakë.

ALIU

E këndoj shpejt unë. *(Fillon)*

Mikut t'em

Z. Ali Vorfit

në Mat

Letrën t'ande e mora dhe u gëzuësh qi ishit shëndoshë e mirë si kuer se jam edhe unë. Letrën qi kishe çue për t'yt amë i a dorëzova, e u gëzue tepër.

Si kuër më shkruëshe u poqa me gjith parësin e qytetit, e ata janë gati me luftuë me Serbët. Me parësin e Dibrës se Poshtme jam tue u marrë vesht, ashtu dhe me Lumë e me Çermënikë.

Me Mat e me Mirditë, meruni vesht vetë, mbas si jeni vetë atje. Duhet të kujdesoheni për armë e municione se këto i mungojnë popullit.

Pruësi i letrës asht porosit për shum sende me ju a thanë me gojë.

Të vijmë ke regjimi Serbë ditë për ditë përveç angarive po i marrin popullit gjoba dhe pagesa gjith farë soji qi nuk kemi ndigjuë se bahen në ndo nji shtet të Botës. Rref, çnderon, burgos, vret e ther njerës të pa fajshëm e të ndershëm. Nji regjim qi s'meriton të jetë në të dhjetin shekull e jo në të nji zettin. Tristimi e mbërzia e popullit ka ardhë në shkallën e fundit.

Ali! Po të pershkruëj nji histori t'interesantshme qi më ka ba nji përshtypje të madhe: Nji ditë, mbas nji jave qi ishte ba lufla e Malësis dhe qi ju ishit aratis, shkova në qeveri për me paguë do të holla xherime, si shum herë. Komandanti i përgjithshëm i krahut të Drinit, më pa dhe më thirri në zyre të tij.

Mbas shum bisëdimeve qi bamë më tha muë (Kuër u ba kjo lufta e Malësis, patëm çuë ma tepër se pesë mijë ushtarë me topa e mitraljoza. Si mbas urdhnit qi dhashë ushtëria u vue në ofensi e filloj me djek e më renuë ç'ka gjët para. Mun n'at zjarinin e math të luftës, nji djalë i ri Shqiptar kishte pas hypë mbi nji lis dhe prej andej mbas si na vret shtat ushtarë, na vret edhe komandantin e ofensivës qi kish qenë mbi kalë. Ma në funt e kish hetuë ushtëria dhe e kish vra, por ç'dobi? A s'asht çudi pra, nji trimëni e therori kaq të madhe qi unë si ushtar i vjetër qi jam, as nuk e kam pamë, as nuk e kam ndigjuë në jetën t'ime. Me kaq i dha funt çashtjes dhe unë i përshtypun tepër nga kjo ngarje, mbas pak kohe mora lejë dhe ika në shtëpi, ku i rrjeshtova kto vjersha të cilat i a kushtova atij trimit malësuër qi e kish ba jetën theror për Atdhe dhe me trimëni e kishte habitë edhe anmikun.

> Vjersha
> Kush kje ti o Shqiptar?
> O i dashtun i Perëndis!
> Q'e vrave nji kryetar
> Tuj'i dhan famë kombësis.
> Atë ditë qi të pat rethuë.
> Gjith ushtria e Sërbis
> Atdhen t'ant për të mpruë
> Kishe hypë mbi nji lis
>
> Mos t'vjen keq pse ndrove jetë
> Mbas si vrave shtat ushtarë
> Kryetari kje i tetë
> Qi kje i parë mbi kta barbarë.
>
> Si dranguë ti luftove
> Për lirin e Atdheut
> Dhe gjith Botës i diftove
> Se je i nipi i Skënder Beut.
>
> Emni yt si të quhet?

Se na duhet për Shqipni
Se ky emën nuk harohet,
Do t'a shkruejn n'histori.

Historia do t'përdor
Emnin tand me trimni:
"Fillkat, vetem nji malsor
Bani luftë me pesmij".

Ali! Para se mar letrën t'ande paç frigë se mos ishe ti, e të kan kujtuë për malësor Serbët. Të lutem ban hetime e më lajmëro se kush ka qenë ky djalë, qi ta plotsoj vjershën.

Kët herë me kaq po mjaftoj.

Me dashni:

Dibër e Madhe: 26 Fruër 1913

I robnuëmi

(Aliu i lodhun prej këndimit i fërkon sytë)

SADIKU
Breh, breh, ç'paska shkruë, si s'qenka lodhë ore?!

(Ngrihet dhe i afruhet së shoqes) Ç'duket mori?

BEJTA
(Tue luëjt kryët) Ma zi!

(Nailja herë rënkon, herë kollet dhe herë-herë luën nga dalë në shtrat) (Sadiku ulet pran shtratit)

ALIU
(Mbështet kryët në dorë të djatht dhe mënji mënyrë qi u kthen shpinën të tjervet, rri turbulluëshëm dhe i impresjonuem prej letrës, edhe flet me vetëhe): Me pesë mij burra luftoj, luftoj si luajt e maleve... Poh, e diftoj vetëhen se me të vërtetë asht i nipi i Skënder Beut; vrau jo shtat ushtarë, por edhe shtatë më dhjet të thuësh e drejtë asht. E pashë me syt e mij! Vrau komandantin, e lëshoj vdek per dhe!... *(Pushon pak)* Ah i ngrati Zejnel!... I dhe funt jetës me nder tue shpaguë gjakun e vëllazënve e

nderin e motrave!... Vjershat qi i kushton malesorit kreshnik, Shqiptari i robënuëm, jan për ty o Zejnel! Se ti kje aj qi vrave ushtarët e komandantin e tyne, ti kje aj qi me trimni e habite anmikun!.. Më erdhi shum keq qi nuk t'a kish dijt emnin vjershëtori i robnuëm dhe e kish lanë pa plotësuë!... Por unë, kam me e plotësue e kam me t'i shkruë mbi gur të vorit o vëlla!.. *(mer frymë pak)* Poh!.. Zejnel Dreni, shoku i em, *(i turbullushëm)* ra dëshmor për Atdhë, por nuk u shuë Shqipnia se ka edhe sokolla të tjerë qi kan me e marë gjakun e tij...

TUSHJA

(I afrohet Aliut, i pret fjalën tue e kap për krahu) Ali ç'bën kështu? Harove e ku je? A nuk e shef se asht tue hiek shpirt Nailja e mieruëme!?

ALIU

(Si kur zgjohet nga gjumi turbull hof në këmbë) Of!.. Po, Nailja e mjeruëme!.. Dibranja e mjeruëme!.. *(I afrohet Nailes dhe e zen për nabzi)* Hej Naile! A s'po ngrihesh ma?

NAILJA

(E vështron dhimshëm dhe me dispërim) Mbas pak kohë kini me më ngrit ju, se nuk munt të ngrihem vetë..

ALIU

Mos fol kështu Naile! Po bënu trimueshë si të ka hije.

NAILJA

Ah Ali! Unë s'rroj ma!.. Kot mbani uzdajë se... jeta e ime ka mbaruë!... *(E dishpëruëme)* E ç'farë shije do t'i ndij jetës unë mbas Zejnelit?... S'roj jo, po ç'ti baj mordes së shkretë qi hala po më mundon kot?!.. *(kollet)* Zejnelin e vranë Serbët, shtëpijat na u dogjën, pasunija na u grabit, vendi na u zaptuë po prej atyne, prej, Serbëvet, e unë për se të rroj? Ç'të lakmoj ma në këtë jetë të shkretë?!.. A me i pam edhe nji herë ala Serbët e egër? Katilat e Zejnelit? Ata qi vranë e therën gjith ata Shqiptarë të pafajshëm?

Ata qi e mjeruen Dibrën?!.. *(Pushon pak dhe mbas si i shef të gjiihë)* E pse qani? A për mue? A për Zejnelin? *(i pritet zani)* Qani për Zejnelin, se... aj ishte djal i ri! Aj ishte triin i pa shoq! Aj ishte bestar dhe theror për Shqipni. Po t ishte gjallë aj, unë nuk isha ba në kët hall!... (kollet dhe rënkon) poh!... në këtë hall!..

ALIU

(I helmuem) Mirë, mirë e muerëm vesht, mjatt ma se u lodhe e të rëndon sëmundja!

NAILJA

(Tue marë fuqi) Due me tol e me i qit gjith ato qi kam në zemër, nuk më vjen keq se u vra Zejneli, se u vra si burat me armë në dorë, në mes të zjarmit vdiq si trimat Shqiptarë!.. *(kollet)* Ah Zejnel! Më le e vetëm!

ALIU

(Tue ifldiftuë Tusheu) Mos moj Naile ma! a s'ië vjen keq për Tushen qi i a kujton t'atin qi i u vra ?

NAILJA

Ah po, mixhë OSMANI, i ati i Tushes, dhe aj vdiq si burat ngjat Zejnelit t'em. Ah këta Serbët!....

ALIU

(i pret fjalën) Mos për krye t'em mos Naile!

NAILJA

Ah! Ali! Kryët e shokut të Zejnelit? Sa i vjefshëm asht për muë...

(E ama dhe motra e Zejneiit gjith nji qajnë me fëtyrë të mbëlueme, dhe herë herë mëshajnë)

NAILJA

(kollet) Tushe!

TUSHJA

Ç'do moj motër?

NAILJA

(Me dispërim) Ah, Tushe, po të la!..

TUSHJA

(E pezmatuëme) Jo, o motër, jo!....

NAILJA

(Tue veshtruë me të gjith anët) Ah! Duë me fol o Tushe!... po...

TUSHJA

Fol ç'do?

(Largohen pak prej shtratit të tjerët).

NAILJA

(Me za të mekun) Ah Tushe!.. Oh!... Të lutem më ep pak ujë!... *(Tushja i jep ujë)*

NAILJA

(Vazdon) Ah! Duë të shkojm në Dibërë Tushe, qi t'a shof makar vorin e Zejnelit e mbasandaj të vdes e kënaqshme aty afër atij vori due... të vdes, aty due me mbaruë!!!!

(Të gjithë qajnë)

NAILJA

(Vazhdon) S'ka me më kalbë dheu i zi,... pa me e pamë... vorin e Zejnelit.... qi t'a lëmoj me dorë!.. *(pushon pak)*

Po ti Tushe a do mbash zi... për muë? a do të më harojsh?!

(Jet nga fuqia) (Tushja mbytet në vajë. Afrohen të tjerët)

NAILJA

(E shef t'atin) Babë! ku je?

SADIKU

(I harlisun) Këtu jam moj bijë, ç'do? (gërmohet mbi të)

NAILJA

(kadalas) Nana e Zejnelitt... duë qi të... mos largohet prej shtëpis s'onë... mirë?!..

SADIKU

(I prekun në zemër) Po moj bija e babës, ti mos kij merak. Veç ti shëndoshu nji herë, pra...

NAILJA

(E lodhme) Poh, me u.. shëndoshë!.. *(kollet dhe rënkon)*

(Të gjithë qajuë, pak kohë qeti)

NAILJA

(Në kllapi) Obubu nanë!.. Po na.. vranin Serbët!.. nanë? Po na vrasin!... Shif, shif si po digjen shtëpiat!...

BEJTA

(Tue msham) Jo moj nanë, jo ! S'ka Serb këtu...

NAILJA

(Gith nji në kllapi) Ah! qeh bre nanë, qeh atje.. atje!.. tym, flakë!... *(E frikuëme fare dhe tue u largue prej shtratit)* Nanë!Babë... na u afruën, na u afruan!.. po na vrasin!... po na vrasin Serbët...

Hofshotoo!... ke e vranë... shifni bre, shifni bre, si e vranë gruën e ngratë!.. Me gjith foshnjë! ikni!.. ikni!.. se... *(E lodhun fare ndehet dhe mbyll sytë)*

(Të gjithë e shofin dhe i rinë sipër shtratit)

BEJTA

(E helmueme) Hof e mjera une!

(Mbas pak kohe Nailja çel syt)

BEJTA

A do të të mar pak në krahënuër t'em?

NAILJA

Poh!

(Me ndihtnen e të gjithve e venë në krahënuer të s'amës).

NAILJA

(Tushes) Ujë Tushe, se po plas!

TUSHIA

Poh, moj motër. *(i nep ujë)*

NAILJA

Ah nanë; sa.. ambël po.. më vjen!.. *(tue i shikue mallshëm të gjithë me nji za të kandshëm.. por të mekun)* Më falni se.. ju kam bezdisë!.. Ma bani hallal !. edhe ju... e paskeni.. tak.. sirat...

BEJTA

(Tue qamë) Ç'thuë moj bijë!

SHEGA

(Me sy të përlolun) Ç'thue kështu Naile?

NAILJA

(e mbetne nga fuqia) Më bekoni.. se.. unë po.. vdes *(i pritet zani)* po, mos më lini.. këtu në Mat.. Sa të lirohet... Dibra... ah Dibra e.. shkretë... të më çoni.. atje!.. *(Tushes kadalas)* Ngjat Zejnelit.... të m'a bani.. vorin!... *(rënkon dhe i livaret kryet në krahënuër të s'amës).*

(Të gjithë qajnë)

TUSHJA

(Aliut kadalas) Syt'e saj nuk po më duken të mirë.

ALIU

(I mejtuem) Mjerisht, kjo mbaroj!

NAILJA

(Kollet dhe në kllapi me sy të mbyllun tue nënqeshë) Ah! Zejnel! Paske ardhë?!... Hajde, hajde!.. *(Ngren dorën pak dhe prap e ul)* Unë?!.. Poh!.... Po me ardhë atje, poh!..... *(luën pak vendit dhe rënkon pa fuqi, i çel sytë i shef të gjithë me sy të prishun të turbulltë)* Ah!.. nanë m'u nxi je.. ta!... Nuk shof... *(i mbyll syt dhe mer frymë me të vështirë)*

(Të gjithë me merak e shofin)

ALIU

(E kap për nabzi) S'ka gja.

(Nailja mer frymë gjatas dhe ma me të vështirë, i çel syt dhe mbas si i luën buza pak, i mbyll syt për jetë)

SADIKU
(I tristueshëm) Hof i mjeri une, sosi!..

ALIU
(E kap për krahu Sadikun dhe tue larguë nga shtrati) Jo, more se s'ka gja!

TUSHJA
(e kap Bejtën dhe e largon) Jo, jo i ra të hollë!!

SADIKU
(Tue raftë kryët) Bija e babës!...

BEJTA
(Tue i shkul flokët dhe tue qamë) Hofshoto! e ngrata unë!

SHEGA
(Tue i raftë duert) Prattoj!...

LULJA
(Tue qamë) O bubu!...

(Të gjithë tue qamë e tue brit grumbullohen mbi te)

Mbyllet napa

FUNT'I DRAMES

BIBLIOTEKE DRAMATIKE
NR. 2

DASHUNI E BESNIKERI

DRAMË HISTORIKE
GJASHTË PAMJESH

Prej

Haki Stërmillit

TIRANË
1923

Ky libër u dedikohet shpirt ndritunve Hoxhë Vokës me shokë.

PARATHANJE

Kënduësve:

Me qellim qi t' i shërbej letrësis e historis së vendit t' im, e shkruejta këtë dramë. Besoj se të tjerë më të zotët e pendës se unë, do të rreken me qitë në dritë të këtilla vepra ma të çmueshme, e kështu kan me e pasunue Bibliotekën e dramavet shqiptare.

Me nderime:

Auktori

V. o !

Ata Zotënij qi dëshirojnë të kenë nji kuptim të plotë mbi lëvizjet kombëtare të Dibrës, duhet të këndojnë edhe dramat (Dibranja e mjeruëme Nri 1 dhe Agimi i lumnuëshëm Nri 3).

Auktori

PERSONALI I DRAMËS

1. Ali Vorfi nga qytet'i Dibrës së Madhe. (25) vjeç
2. Nazja e ama e Ali Vorfit. (45) vjeç
3. Tushja e dashmja e Ali Vorfit (nën kunorë) nga Kastrioti. (18) vjeç
4. Sejfa Shërbëtori i Ali Vorfit (38) vjeç
5. Salih Vulnetari, nji nga parësia e qytetil të Dibrës së Madhe dhe miku i Ali Vorfit. (40) vjeç
6. Dy gra. (40-50) vjeç
7. Katër ushtar Sërb.
8. Nji plakë, e Zonja e shtëpis në Banjishtë (70) vjeç
9. Nusja e djalit të plakës (25) vjeç
10. Foshnja e nuses (2) vjeç.

Sqena xhvillohet në Dibrë e në Tiranë më 1913-1920

PAMJA E PARË

(Sqena dëften nji odë në shlëpi t' Ali Vorfit në qytet të Dibrës së Madhe. Nji tryezë në mes t' odës, pesë a gjashtë karike për rreth. Oda asht e stolisme për së tepri.)

PERFLIM I PARË

ALI VORFI
(Veshun me Kostum Dibre)

(Tue shetit në për odë dhe tue thithë nji cigare) Ah! nuk zbardhi drita ma! sa e gjatë m' asht dukë kjo natë sonte! *(Pushon pak dhe prap tue i shetit)* Hot, ç'na banë kta Malësorët, qi i a nisën luftës pa ardhë koha e pa u pregatitë! Me të vërtetë kan të drejtë se kta Serbët mizorë, u prekën në nderë dhe nuk u lanë dhunë pa u ba, por duhesh të duroshin edhe pak, der sa të lidhesh besa. Ç'të bajmë pra?! na plasi nder duër si kuer në luftën e Malësisë qi krisi befas e i u dha shkak të digjen shtatmëdhitë copë katunde mbarë. U plaçkit prej Serbëve gjith ajo pasuni, u aratis gjith aj popull, qi hala po vuen në për katundet e Matit, u vranë me qinda djelm të ri, ah djelm të ri si Zejnel Dreni me shokë qi ishin petritat e Malelet tona, u shuen gjith ato familje e nuk u mbeti as plank, as shtëpi.

(Mbas si pushon e mendohet pak, fillon prap me shetit) Po ç' ka? të mos u vjen keq pse u vranë, pse u shkretnuen, se pse e banë për vetëhen e tyne, për atdhe e për nderë të tyne. At here për se me mos e derdhë gjakun për nder e për atdhe? a s' asht ma e ambël vdekja se rrojtja nën zgjedhë të këtij barbari? *(Tue u nxemë)* Poh, poh, do të vdesim, do të luftojmë me Serbët e do t'a provojmë fatin t'onë! *(pushon pak dhe me za të ulët e me butësi)* Me luftue me Serbët? me nji Mbretni? me nji ushtëri të regullueme e të mobilizueme? *(mendohet pak*

dhe me kurajo) Poh, poh, do të luftojmë der kurr t'i captojmë varguëjt e robënis a se të vdesim të gjithë *(ndigjohen për së largu disa pushkë e Aliu afrohet në nji dritare dhe tue vue dorën e djathtë në vesht ndigjon)* Qe! pushkë, poh pushkë! luftojnë burrat dhe pa iu drasht mortjes *(Tue shetitë dhe tue dëftye grushtin me mëni)* Sërb, shporruni nga toka Arbnore! shporruni nga vendi qi s'u njofin për Zota shporruni se para kini *(tue dhanë shenjë me dorë)* nj' ata burra qi nuk ju përulen kurrë! Lark nga kjo toke se nuk ju durojnë Stërnipat e Kastriotit e të Moisi Galemit! *(ma me egërsi)* nuk ju shtrohen për së gjalli ushtarët e Lekës Math. Do të luftojmë si luanët e malevet dhe si i ka hije Shqiptarit e nuk të lamë me e gëzue pasunin t'onë e të sundojsh në këta vise ku bijvet të Shqipes ende u vlon në dejet gjaku i Skenderbeut, gjaku i atij burri qi me trimni e habiti njerëzinë e atij shekulli. Mos kujtoni o Serb se u shuem edhe na, bashkë me Tyrqit dinakë! Jo kurrë! *(ndëgjohen prap prej së largu krisma pushkësh e Aliu shef na dritarja, mbassi mëshanë nji herë afrohet ke dera dhe i therret s' ames)* Nanë, nanë ! *(shetit).*

(Nji za prej së jashtmi) Lepe!

PËRFLIM I DYTË
Aliu dhe e ama (Nazja)

(hyen Nazja)

(Nazja asht veshë vetëm me nji kotull të gjatë e në kryë ka nji napë të bardhë).

NAZJA
Ç' do more bir ?

ALIU
Më fal o nanë e dashun se të bezdisa, po desha me marrë vesht se a u çue Salih Agaj?

NAZJA
A?! jo mor bir! po ai s'ka dy sahat qi ka ra, ndoshta

ende nuk e ka marrë edhe gjumi.

ALIU
Ke të drejtë nanë.

NAZJA
Po ti biro? a s' ke fjet sonte?

ALIU
Jo, nuk më muer gjumi nanë.

NAZJA
Mos biro se meazallah sëmuhesh!

ALIU
(Me nji herë) Jo nanë! mos ban merak se un u mësova ma; me gjumë e pa gjumë, hang e pa hang.

NAZJA
Mirë, mirë biro! po nana ka frikë, se ty të ka dritën e syvet.

ALIU
Mos kij gajle fare nanë. Po Tushja u çue nanë?

NAZJA
(Me buzë në gaz) Tash sa u çue, po t'a çoj këtu. Ali, shif këtu! Nana do t'u marton ma, se asht edhe turp prej botës mbassi jeni me kunorë.

ALIU
Ha moj nanë! mos shif se ç' thonë bota.

NAZJA
Jo, jo biro, mbassi Tushja sot ndodhet në shtëpi t'onë kan të drejtë bota të flasin, se asht nji punë jasht zakonit.

ALIU
E pse të flasin moj nanë? Si kuer e pruna me qejf t' im un, por mbassi i u vra i ati e s'kishte ku të rrijë, domosdo do t'a merrshe në shtëpi.

NAZJA
Mbassi e more në shtëpi, përse nuk martohesh ma?

ALIU
Nji tash sa të mbaron kjo luftë.

NAZJA
Of ma kjo luftë e shkëtë! Ti dijshë *(del jasht).*

PËRFLIM I TRETË
Aliu vetëm

ALIU
(Lith duert mbrapa dhe tue shëtitë)

E ngrata nanë! sa dëshiron me na martue! Gjith gëzimi, kënaqësia e lumnia e saj përmblidhet ke martesa e ime. Ka të drejtë e shkreta! Po nuk dijmë se a do të na ndihmon fati. Të shofim se si do të mbarojë kjo luftë. Me të vërtetë u ba shum kohë qi jemi vlue, po ç'me ba qi nuk na u-ndanë revolisionet e luftat nji mbas nji, nuk pamë nji ditë të bardhë qi t' a shijojshim e të martoheshim. E dij edhe un se asht turp e ndejtmja e Tushes në shtëpin t' ime, por ashtu e suell fati (Mbassi mentohet pak) Tushja... Vajza e njomë, sa më dhiimbet! E shkreta mbet pa kërkënt, e ama e ka lanë të vogël, e i ati tash në luftën e fundit të Malësis u vra e pasunia i shkoj kot, shtëpia e tyne qi kan në Kastriot më kan thanë se asht rrenue fare, e ç'i ka mbet ma Tushes në kët jetë për veç meje? Kurgja, i ati i saj, Osman Xhini, ishte burrë i mençëm, por mjerisht jo aq pasanik e kësaj...

PËRFLIM I KATËRT
Aliu, Tushja

(Tushja asht vesh me nji kotull të bardhë dhe kryet e ka lidhë. Hyen Tushja, Aliu pret fjalën dhe kthehet e e shef)

ALIU
A! Tushe! ti je?

TUSHJA
(I sgjat dorën) Un jam, mirë mëngjes Ali.

ALIU
(Me kënaqësi i sgjat dorën) O! mir mëngjes e mir se vjen moj e dashuna Tushe.

(Tushja merr nji karrike dhe ulet dhe Aliu me nji tjetrë pranë asaj)

TUSHJA
Ali si më duket nuk paske flejtë?

ALIU
Jo se nuk më muer gjumi moj Tushe.

TUSHJA
E pse s' më qove edhe mue qi të rrijshim bashkë?

ALIU
E mendova nji herë, por m' u dhimse o e dashun !

TUSHJA
Of ! ç' paske ba o shpirti em, a nuk e di ti se mue nuk më kënaq kur nji send tjetrë në këtë botë, veç teje?

ALIU
(Me buzë në gas) Poh, poh, ke të drejtë, e dij edhe un, por ma fort më ndaloj ajo qi deri dy sahat ma parë ishim bashk tue bisedue me Salih aganë.

TUSHJA
(Tue fërkue sytë) Mirë, mirë ani Ali, ani.

ALIU
('Tue e veslitrue mallshëm) Sot paske gëdhi si lule o Tushe!

TUSHJA
Jo besa, se edhe un nuk kam bamë gjumë të mirë sonte.

ALIU
E përse?

TUSHJA

Nuk e dij, por s' më lishiu rahat pushkët qi dëgjejshe shpesh herë e më futshin në mendime.

ALIU
E ç' farë mendimesh? Për se të mejtohesh ti?

TUSHJA
Jo, kur nji send, pooo...

ALIU
Ç' farë?

TUSHJA
Besa o shpirt i Tushes! mendojsha e kijshe frikë se ndoshta ti do të shkojsh me luftue me Serbët, e mue...

ALIU
(I pret fjalën) Pse ti ç' ke? Un edhe në qoft se shkoj në luftë, ti mos ban merak se mue nuk më gjenë gja, ti këtu rijsh me nanën. Po si thue Tushe a mos me luftuë me Sërbt?

TUSHJA
(Ulë kryet) Jo, nuk po thomë qi të mos luftojsh, por të vij edhe un e mos më lash këtu.

ALIU
Si me ardhë edhe ti?

TUSHJA
E pse? un vishem si burrat, e kush do të më njoh?

ALIU
(Me buzë në gas) Me u veshë si burrat? Jo, jo kurrë.

TUSHJA
Lenmë të vij edhe un, të lutem lenmë të vij vetëm due qi të jemë gjat teje. Në daç po thomë se jam shërbëtori t' at.

ALIU
Jo, Tushe, jo, si bahet ajo?

TUSHJA
Të marrsha të ligat mos më len vetëm.

PËRFLIM I PESTË
Tushja, Aliu, Sejfa

(Sejfa veshun me robe Malsorësh)

SEJFA
Zotni! U-çuë agaj.

ALIU
Mirë pra, thuej t' urdhënojë.

SEJFA
Mirë. *(Sejfa del)*

PERFLIM I GJASHTE
Të parët

ALIU
(Tushes) A do të rrijsh ti?

TUSHJA
Jo, un po dal, se më vjen turp prej agait, po kështu t' i kemi ljalët, mue mos më lashë. A mirë?

ALIU
Mirë, mirë.

TUSHJA
(Ngrihet në kambë dhe i zë dorën) M' a nep besën pra.

ALIU
(Me dashuni) Ah! mos me e shtërngue kët dorë?! *(e lëshon dorën dhe e hjek prap)* Jo, besë nuk të ap.

TUSHJA
(E mban reë e idhnueme) Mirë, mirë, e di se ti je zëmër gur *(del e zemrueme)*

PERFLIM I SHTATË
Aliu vetëm

ALIU

(Me vetëhe) Me e marë me vehte! e si bahet? Me marrë nji femën në luftë ! Hej taksirat ! *(Mbassi mendohet pak)* Ah dashuni!... Ah Tushe! Po zotnon në zemrën t'eme. Nuk e dij se kush e ka fajin ? A zemra, a sytë, apo gjaku?. Si me e lanë vetëm? Si me u larguem prej saj? *(Mendohet pak)* Ah! ma mirë të mos e kishje njoftë e të mos kishim shti kunorë. Shif pra si po më sjell pengime në lirin t' ime? Po, ajo don me ardhë, don me luftue krahas me mue. Edhe lufton, lufton se asht bijë Kastrioti. *(ndërron mendim)* Jo, jo kurrë! si e marr un atë në luftë? Athere a me luftue me armiqt, apo me mprojt Tushen. Asht mëkatë e madhe me e marr e me e futë në zjarm at far vajze të njomë at lule plot erë lumnije. E si? me e vishk me dorën t'ime? *(Ven dorën në zemër dhe mshanë)* Ah Tushe! Lumnia, shpresa e jeta e ime varet ke ti, vetëm ke ti. E dij qi më do edhe ti, e dij qi nuk e kursen shpirtin për mee, e dij se...

PERFLIM I TETE
Aliu dhe Salih Vullnetari

(Salih Vulnetari asht veshë me kostum Dibre fare të mirë) (Hyn Salih Agaj. Aliu pret fjalën me nji herë dhe kthehet nga ai)

ALIU
Urdhëno aga!

SALIH AGAJ
T' ungjatjeta Ali;

ALIU
T' ungjatjeta Aga. A bane rahat?

SALIH AGAJ
Ah rahati i kësaj nate Ali! si rahati i natës së vorrit thonë hoxhallarët.

ALIU
A di gja Aga? Serbët kishin zanë dje e sonde për gjithë natën ma tepër se pesëdhjet vetë.

SALIH AGAJ
(Me habi) Si more?

ALIU
Po besa, më tha Sejfa. Shyqyr Zotit qi nuk ndodhe në shtëpi t' ande se do të kishin burgos edhe ty.

SALIH AGAI
Shyqyr Zotit qi e dinë për ty se je i aratisun e nuk u shkoj mendja dreqënvet me na bastis, se kishin me na zanë të dy.

ALIU
(Me buzë në gas) poo.

SALIH AGAI
Besa nuk asht për të ndejt pa kujdes. Kush e di, do t' a kenë zanë të gjithë parësin .

ALIU
A tash? Po deshën le të vinë se po i pres. *(Ndëgjohen pushkë)* E shef?! U-afruen, kujtoj se e kapërxyen Qeuokun.

S AGAJ
Po Qenokun. Por kujtoj se munt të jenë afër Erebarës. Se herë herë po ndëgjohet pushka fare mir dhe po vazhdon me rregull.

(Pak pushim)

ALIU
Të gjithë letrat i shkrova Aga.

S. AGAI
Shum mir, e për cilin e cilin?

ALIU
Nji Ahmed Bej Zogollit ne Mat, nji parësis së Çermenikës, nji Aqif Pash Elbasanit dhe nji parësisë së Tiranës. Të parve u kërkova ndihmë, të dytve ma fort se ndihmë armë e fishekë.

SALIH AGAI
Shum mirë.

ALIU

Po sot a e Hanë asht Aga? Se i kam harruë edhe ditët, bile letravet nuk u kam vuë datë se nuk e dijsha.

S. AGAJ
Po sot asht e Hanë edhe kimi 16 Vjesht e parë 1913.

ALIU
(Merr letrat nga tavolina dhe u ve datën) Edh kjo u krye.

S. AGAJ
Po lufta ka nisë qysh pardje.

ALIU
Po, po.

A. AGAI
Të lumtë Ali, paske bamë punë. Ma ç' na ka mbetë Ali?

ALIU
Kemi shum punë Aga. Duhet të zgjidhet nji komision për me siguruë qetësin e qytetit e nevojat e fuqis.

S. AGAJ
Mir thue Po bukë?

ALIU
Komisioni pra do të kujdesohet për bukë e për të tjera nevoja të fuqis. Po për bukë unë s' baj dert se bukën e siguron populli pa u mërzit.

S. AGAJ
Ke të drejtë.

ALIU
Po armë e fishekë ku me gjetë? Mendohuni Aga se jemi tue luftuë me nji mbretni qi ka gjith ç'ka i lipset për nji luftë.

S. AGAJ
Ke arësyë

ALIU
(Vazhdon) Ne nuk e deshëm kët luftë pa u pregatit,

por ç'të bajm qi na i zu duërt

S. AGAI
Besa nuk dij se si do t' i bahet halli, se nji pakicë e popullit kan mundë me mshefë armë.

ALIU
Aga! a s'ban t'a msyejmë Sërbin para se t'afrohen Malësorët e të munt t' i zaptojmë xhepehanen.

S AGAI
Mirë thuë, po me (12) topat qi ka qit n' Elecë për mbi qytet, na djek për dy sahat e s'len as nji shtëpi në kambë. (ndigjohen pushkë)

ALIU
Të skofim se a do të qindron në besë Petrush kapidani i Ohrit.

S. AGAJ
Për se?

ALIU
Të shofim se a do të lufton kontër Sërbëvet si mbas besës qi u dha dy delegatve t' onë, Shaqir Bej Jegenit e Fuatit të Hajredin Agës qi i patëm çuë me u marë vesht.

S. AGAl
Ha, ha, e dij. Të shofim se a do të rijë në fjalë.

(Ndigjohen pushkë prej së largu regullisht)

ALIU
He, he, besa u afruen ! (Ngrihet e shef nga nji dritare) Më duket se u futën në Maqëllarë Aga.

(Ndigjohen topa e pushkë regullisht dhe lufta vazhdon pa da)

S. AGAI
Po besa si më 'duket e muerën Maqëllarën se krisma e pushkëvet andej po më vjen-

(Topa rall, pushka vazhdon)

PERLIM I NANTE
Të parët dhe Sejfa

(Hyn Sejfa)

ALIU
Ç' asht Sejf ?

SEJFA
Zotni! nja tre a katër tabore Sërb qi ishin ke kështllaja u nisën malit për me dalë në Elecë mbi shehër dhe i kan qit topat e mitraljozat atje. Nji fuqi tjetër duël kah fusha e Kojnarës e po vjen për rreth shehërit.

ALIU
Mos na ikin dreqnit?

SEJFA
Nuk besoj se nji fuqi tjetër u nis për drejt Maqëllarës.

ALIU
Mirë pra.

S. AGAI
Or Sejf! a more vesht se cilin kan zanë Serbët ?

SEJFA
Po Zotni, kan zanë gjith parësin veç Z. t' uëj.

S. AGAI
E kush janë ata qi jan zanë?

SEJFA
Kanë zanë: Hafiz Bejnë, Ramiz Bej Karafilin, Sejfedin agë Pustinën, Abdurahman Tërshanën, Sadullah Strezimirin, Sheh...

ALIU
(i pret fjalën) Po ma ?

SEJFA
Kishin zanë edhe Sheh Hysejn Kuçin, Safet Bej Kodrën, Hasan Liman Hasanin, e Maliq Jegenin e,...

S. AGAJ
Heu? ... s'paskan lanë njeri jashtë ? II *(Aliut)* veç ne të dy paskemi shpëtue !...

SEJFA
Ndalo Zotni. se ka edhe ma.

S. AGAI
Ik, ik, nuk duë me i marë vesh ma, u ngopa.

(Sejfa del) (Ndigjohen pushkë e topa)

PERFLIM I DHJETE
Të parët

ALIU
Aga më duket se erdhi koha për me dalë jashtë.

S. AGAI
Kadal, kadal se ende hejret asht, Le t' afrohen edhe pak.

ALIU
Po xhephanja na iku.

S. AGAI
Mir, mir, por bajmë me fituë e humbim fare. Rij e mos u ngut.

ALIU
Mir po kam frikë se mos e humbim kët rast.

S. AGAI
Jo, jo se i kemi në dorë

(Aliu ndes nji cigare dhe tue thith sigaren ngrihet e shëtit në për odë)

(Ndizet lufta me rreptësi)

ALIU
(Me nji here) Ha ha ! Aga u afruën (del e shef në dritare)' Aga ju nisën malit për drejt topave. Qe! qe! po e rrethojnë qytetin.

SALIH AGAI
(Pa mërzi e me durim) Le të afrohen, le të afrohen.

(Ndëgjohet batare topash prej malit dhe lufta ndizet ma me rreptësi)

ALIU
Aga, asht turp me pritë ma, se në ket kohe nuk rrijnë burrat bashkë me gratë *(Ban me dalë)*

S. AGAI
(I del para) Kadal more bir, kadal!.

PERFLIM J NJIMEDHJETE
Të parët dhe Sejfa

(Hyën Sejfa)

SEJFA
Zotni, demedë Sërbt e vuën në plump gjithë parësfn qi patën zanë.

ALIU E S. AGAJ
(Me habi dhe me nji herë) Hej !

SEJFA
Besa tash ndegjova nji potere e nji britmë të thekshme, e pashë se nji të plagosun qi kishte ikë e suellën në shtëpi.

ALIU
(Sejfes) Shpejto e banu gati se nuk rrihet ma mbrenda.

SEJFA
Un jam gati Zotni *(Sejfa del)*

(Aliu merr armët dhe fillon me u ngjeshë)

PERFLIM I DYMBEDHET
Të parët Nazja dhe Tushja

(Hyën Nazja dhe Tushja)

NAZJA
Më qafsh nanën Ali, mos dil nji herë.

TUSHJA

Të marsha të ligat prit edhe pak, se u ndez zjarrmi jasht.

ALIU
(Tue ngjeshë armët) Ç'me pritë ma? Ç'thoni ju kështu ?

(Vlon pushka me nji mënyrë të jashtzakonshme dhe topat gjymojnë pa pra)

(Ndëgjohet tre herë a besa besë)

(Salih Agai Ngjishet)

ALIU
(S'amës) Më beko moj nanë se erdhi koha

NAZJA
Mos bir të lutem

TUSHJA
Ofshotoo *(përplas duërt)* O Zot !

ALIU
(Me gjak të nxeht) Nanë! Nuk asht koha e lutjvet, por e luftës *(Hof para me dalë dhe i thotë Salih Agait)* Urdhëno Aga.

(Ndigjohet nji za "me dorë o trima, me dorë ! „)

S. AQAL
Po, *(E ndjek Aliun dhe dalin).*

NAZJA
Bir! *(I dridhen kambët dhe i mban gjunjët me dorë).*

TUSHJA
Ali .. Ah ! *(Ven duert në krahnuer)*

ALIU
(Tue dalë) Lamtumirë !

(Lufta vazhdon, topat gjymojnë me nji mënyrë të jashtzakonëshme)

NAZJA
(Tue shjkue mbrapa Aliun) Bir i nanës (rref kryet).

TUSHJA
Ali, ah Ali ! *(Rrëzohe)*

MBYLLET NAPA

PAHIA E DYTË
(Sqena tregon prap at odë në shlëpi t' Ali Vorfit në qytet. Koha asht para mbrames, Mbi Tavolinë ka nji rovelver).

PERFLIM I PARË
(Nazja velëm e mandej Tushja)

(Nazja rrij tue u menduë dhe mështet kryet në dorë të djathtë)

TUSHJA
(Hyën dhe tue i u afruë Nazes) Ç' ke moj nanë ? pse rrij kështu ?

NAZJA
(Si kuër zgjohet nga mendimi dhe e ngren kryët) A? Ti qenke Tushe?

TUSHJA
Po, nanë. Po ç' ke kështu qi qenke e vranët?

NAZJA
Jo s'kam kurrgja bijo, po u mërzita nga vetmija *(ul syët përdhe)*.

TUSHJA
(Me merak) Të luetem nanë më kallzo se ç'ke këshu?

NAZJA
Jo moj bijë s' kam gja. Po ti pse ban merak kot?

TUSHJA
Jo, diç ke ti qi rrij kështu, a po mos...

NAZJA
(I pret fjalën) Jo moj bijë se s' kemi gja të keqe

shyqyr Zotit, po, nuk dij se pse kjo kohe e mbrames më dha nji breng të kotë e disi zemra po më rrij e ftofët.

TUSHJA

Ah Nanë! mos e thuëj at fjalë, se dhe muë po më duket zemra si kuër me pasë nji copë akull,

NAZJA

E ban Zoti mir, se këto s'jan gja.

TUSHJA

(Kthehet me shëtitë dhe i ndesh syni mbi rovelver qi asht mbi tavolinë, të cilin e merr me e pamë) Oh! sa i bukër qenka moj nanë! Me të vërtetë ishte për t'u rujtun, e si domos kuër të jetë kujtimi i nji luftës.

NAZJA

Po, po bijo, po lene dreqin.

TUSHJA

E pse ? Ç' ka nanë ?

NAZJA

Lene b'ijo, se e mbush dreqi e mos na bash ndo nji sent të pa ngjame.

TUSHJA

(E len mbi tavolinë dhe) nanë ? Aliu në letrë thoshte se ia kishte marrë këtë rovelver nji oficerit Sërb, qi e kishte vramë me dorë të vet.

NAZJA

E ç'i duhet t'im biri roveli bijo ? !

TUSHA

Ai thoshte të ma rueni e të mos m' i diqni fishekët.

NAZJA

Si kuër do t'i djegim na?! Moj dhantë i Bukri Zot të vijë nji herë, pra në e lança të kthehet prap, paça vethen më qafë.

TUSHJA

Po nuk ndëngjon moj nanë.

NAZJA

Le të mos ndëgjon po desh. Si kuër vetëm ai asht Dibran e Shqiptar. Me sot po bahen (12) dy mbëdhjet ditë qi djali ka dalë prej shtëpije e nuk kujtohet me u kthyë, nuk mendon se në shtëpi ka njerës qi e presin, nuk i bijë ndër ment se në shtëp ka lanë nji nanë e nji gocë qi e ka nën kunorë.

TUSHJA

Po ç' me ba moj nanë pra? (Me uzdajë) A po më len muë me shkuë e me i a mbush mendjen me u kthyë? *(Popullit)* Ah! si kuër t' i mbushet mendja.

NAZJA

(Me habi) Si?! Me shkuë ti ? E si do të shkojsh?

TUSHJA

Vishem si burr e shkoj. Pse a do të më njofi njeri muë?

NAZJA

Rrij moj bijë mos u huto.

TUSHJA

Mir, mir po ai nuk kthen ndryshe. Më kan thanë se i jan afruë dhe Gostivarit dhe gjithnji po largohet.

NAZJA

(Tue u' menduë) Po, po ke lë drjetë edhe këtu ai ishte fut ma përpara në hyqymet dhe e kishte vuë bajrakun e Shqipnis.

TUSHJA

E shef pra ?

NAZJA

Djali don me u ba i pari i dheut e nuk po mendon se asaj i thonë luftë.

TUSHJA

A nuk mban ment si thoshte në letrën qi muerëm 4 ditë ma parë!

NAZJA

Si ?

TUSHJA

Thoshte se me Zotin para nesër do të hyëm në Gostivar.

NAZJA
Of moj bijë! mos m'a plas zemrën ma! *(Mbas pak mendimit)* e sa sahat mban prej këtu ky Gostivari.

TUSHJA
Thonë së mban 14 sahat.

NAZJA
(Me çudi) O! sa lark paskan shkuë?

TUSHJA
Po, edhe m' anë t' Ohrit kan shkuë deri në Restie e m' anë të Lumës deri në Prizrend.

NAZJA
Mtr u ba qi erdhi bare ky Ahmet Bej Zngolli m fuqi në ndihmë, se bijo Sërbi asht i madh e na thyën.

TUSHJA
Ahmed Beu me fuqin e vet më thanë se ishte nisë për në luftë nanë.

NAZJA
Ah bijë! sa keq më vjen kuër më ndëgjojnë veshët fjalë lufte por ç' me ba.

TUSHJA
Edhe muë s'mi kanda aq tepër nanë, po na shtiu nevoja me luftuë.

NAZJA
Thonë bijo se paskan zanë afër 400 sërb esir, a asht e vërtetë?

TUSHJA
Po, edhe sot prunë afër 30 vetë.

NAZJA
Ah kjo luftë e shkretë ! Më thanë se u kishin bamë mortjen atyneve qi ka vramë Sërbi n'Ohër, Strugë, Manastir, Përlepe.

TUSHJA
A shum ka vra nanë ?

NAZJA

(E neveritme) Aman mos më pyët bijë, se më rrëqethet shtati kur më kujtohen të ngratët.

TUSHJA

A ishin djem të rij nanë?

NAZJA

Ah bijo! Ç'far djemsh, pika e djalit, dhe më thanë se nuk i kish vra me plum; por i kishte therr me thika tue i a marrë shpirtin me ezijet.

TUSHJA

(Me dhimsuni) Ofshoto! o nanë! Sa mizorë paskan qënë këta Serbët.

(Ndëgjohen përjashta bisëdime, zana zhurm e thonë se u vra Aliu-. Tushja e tristueshme hof në kambë dhe del jasht. Mbas pak çohet plaka me merak e don me dalë jashtë, por sa i afro- het derës hyën Tushja tue bërtitë dhe mbas asaj Sejfa)

PËRFLIM I DYTË
Të parët Sejfa

TUSHJA

Ore ku je?! të mjerët na (Sejfës) Ku asht Aliu më kallzo!

NAZJA

(E tristuëme dhe e shtangme) Bir!

SEJFA

(Me guxim e me za të naltë) Ç kini moj, ç' kini? Aliu po vjen mbrapa, por muë më çoj me ju marrë dhe me ju ba hazër se u thyë fuqia e jonë.

PËRFLIM I TRETË
Të parët dhe Salih Vulnetari

(Hyn Salih Vulnetari)

S. AGAI

Ç'asht mori? ç' asht?

NAZJA
(Tue hapë krahët i afrohet dhe i lutet Salih Agait tue qam) Aman Aga ! Diç Zotin më kallzo se ç' u ba Aliu ?

TUSHJA
(Dhimshëm dhe tue qam, Sejfës) M'a difte të drejtën Sejf ! ah! *(rrxohet)*

S AGAI
Po vjen mori, po mos bani kështu !

SEJFA
('E kap për krahu Tushen) Ngrehu t' ikim ma shpejt, se i a mrijnë Sërbët. *(Baslik tne S. Aganë mundohen me e ngrit) (Ndigjohen pushkë e topa) Nazja e Tushja gjith nji qajnë) (Jasht ndigjohen btitma, të qame fëmijsh, zhurmë, potere)*

PËRFLIM I KATËRT
Të parët dhe dy gra

(Grat jan veshtë me ferexhe të zeza e me napa të bardha në kryë)

(Hyrtë dy gra të cilat i afrohen Nazes dhe njena prej tyne)

Ngrehu moj motër, mos bani kështu se të gjith do të vdesim, rrofshi vetë, ai ka shkuë shehid ! lum ai për vetëhe !

SEJFA
(Ndëgjon fjalët mbrapa shpine dhe kuër kthen kryët e i shef grat tue folë, u turret) Plaçi mori shtriga ! Ju martë murtaja ! e ku u paska sjellë Dreqi këtu ! Kush ju tha ju me u kallzuë këtyne për vrasjen e Aliut ! *(Tue u diftuë shqelmin)* A po shporeni prej këndej ? se ju mbyta !

GRATE
(Të friksueme) A?! po dalim, po ! (ikin)

(Tushja ngrihet me nji herë dhe rrok rovelen qi ndodhet mbi favolinë për me vra vetëhen, por S Agai e Sejfa me shpejti e kapin dhe i a ngren grykeu përpjetë. Rovelja mer zjarm pa ba dam. Tushja rrxohet pa ment dhe tuë rënkuë, e tue bërtit. Kta i vijn sipër e mundohen me e ngritë.)

NAZJA

(Rref kryët e bërtet) Bir' i nanës! *(Mer nji thikë qi kish qenë për dhe, dhe e ngul në fyt, gjaku shkon rrekajë, bijë për dhe e vdekme tue thirë Ah! Ali !... S. Agai e Sejfa e lan Tushen dhe e kapin Nazen, por kuër e shofin të vdekun thonë me dishpërim)* E shktela nanë, e mjera nanë!....

(Pushka e topi vazhdojnë pa pra dhe me nji menyrë të jashtzakonshme, ndigjohen zana : Besa besë !. Nji gjyle bijë në nji kant t' odës, Sejfa e Salili agai e kapin Tushen dhe tue tërhekë rrshanas, ashtu e qisin trupin e vdekun të plakës. Prap bijë nji qjyle në odë. Fillojnë me qit disa prej mobiljave, por prap bijë nji gjyle e shtrengohen me ikë)

MBYLLET NAPA

PAMJA E TRETË

(Sqena diften nji odë në hotel Dibra në Tiranë. N' odë ka nji karjoll, nji tavolinë, mbi tavolinën nji poç me uj, nji valixhe, etjera.)

PERFLIM I PARE
Ali Vorfi vetëm

(Veshun me robe të vjetra ushtarësh)

(Ali Vorfi asht ulë më nji karrike, e ka mbëluë fytyrën me duër dhe rrij tuë u menduë. Mbas pak kohe ngren kryët dhe me vethe)

Ah! e shkreta jetë! fal' i zi! se ç'paske qenë o fat! Pse e mundon njerin kaq tepër? *(ngrihet në kambë dhe lith duërt mbrapa e shëtit)* Eh ! ç' mora vesht un nga kjo jetë?! Sot shtat vjet kur gëzoj qyteti i Dibrës së Madhe dy javësh nji liri të vërtetë nën hijen e Flamurit Kombtar kur rezet e liris shkelqejshin në malet e fushat t'ona, un ishje i lumtun e mendojshe, andrrojshe ndryshe. Po sot?!... Ah ! sot i mjeruëm, i ngratë e i dëshpëruëm!. *(Mbas pak pushimit)* Po, sot shtat vjet, kuër luftuëm me Sërbt dhe i shporrëm nga Dibra, në luftën e fundit qi u ba afër Gostivarit me mënin e rreptësin ma të madhe të dy palvet un u plagosa keqas, mora tre plumba t'anmikut e kështu rashë rop në duër të Sërbvet. Mbassi shpëtova nga thojt e tyne, u enda në për viset e huëja e ma në funt shkova deri në Hind, e prej andej pata fatin e bardhë me u kthyë edhe nji herë e me shkelë n' Atdhet'im, me e thithë edhe nji herë kët erë të pastër e të kandshme. *(thith me hundë dhe ven dorën mbi zemrë)* Ah! sa i lumtun qi jam ! Nuk më besohet se un tash me të vërtetë ndodhem n'Atdheun t'im të dashtun, në çerdhen e shqipeve, ku un kam lemë, ku jam rrit, ku duë të vdes, në kët vent të bekuëm qi un për këtë e sakrifikova jetën por Zoti m'a ktheu dhe m' a dhuroj përsëri. Për kët vent un e harrova nanën e shkretë, dashamirët e Tushen e mjerë ! Ah atë vajzë të dashme ; të cilën e doje ma shum se shpirtin. Athere të lutunat e nanës së ngratë e të Tushes së mjerë nuk i ndijshin veshët e mij të shurdhun e shkova në ball të luftës, para rrezikut, ku rashë e u mërgova prej syvet të tyne shtat vjet. *(Tue u menduë)* Ndoshta *(Pushon e merr pak frymë)* po, natyrisht, do të m' a kenë bamë mortjen e më kan vajtuë, kush e dij edhe munt të jem harruë ! Do e mos ! .... Nji kohe shtatë vjet!.. *(ul kryët e mbas pak pushimit me dëshpërim)* A thuë se do t'a kem gjallë nanën e Tushen? *(i tristuëshëm prej nji mendimit qi i shkon)* Ah ! mos e dhantë Zoti ! Si kuër të ketë vdekë ime Amë, po si kuër të jetë martuë a të kelë vdekë edhe Tushja ? ! Ah !. atherë, atherë *(i prilet zani dhe i helmuëm)* un, athere ma mir vras vethen e shpëtoj *(I turbëlluëshëm)* Nana e shkrefë kush e dij se sa më ka dëshiruë ! Tushja e mjerë kush e di ! se sa mall ka pas për muë ? ! Hej jetë, hej fat i zi *(Mbulon fytyrëu me lë dy duërt dhe grumbullohet mbi nji karrige)*

PERFLIM I DYTE
Ali Vorfi dhe Sejfa

(Dikush i bie derës tak, tak, tak, Aliu nuk ndëgjon: përsëritet trokullimi prap Aliu nuk ndëgjon, vazhdon tue u mendue, hyën mbrenda Sejfa dhe mbassi e shef Alin grumbulluëm mbi karrike e kap për krahu tue i a zbuluë fytyrën, e ven ree mirë)

SEJFA
Zotni ! Zotnija i em ! Ali Vorfi ! *(Aliu nuk përgjigjet, Sejfa popullit)* A thuë jam gabim (prap tue e verejt mirë) Jo, jo, Zotnija i em asht ! (E kap për krahu dhe tue e tundë) Zotni, Ali Vorfi !

ALIU
(Si kuër zgjohet nga gjumi i turbullimit i idhnuëshëm ho në kambë) Kush je ti more ? Cili je ? fol !.

SEJFA
(I shtangun) A s'po e njef Zotni, besnikun t' ant Sejfën ?

ALIU
(Tue e verejt mirë edhe me habi) O, o!!! Miku i em, Sejfa, a ti je ore Sejf? Po besa Sejfa ! shërbëiori i em.

SEJFA
(I bie ndër kambë) Po Zotni un jam.

ALIU
(E kap për krahu dhe e ngren) Ngreu Sejf, ngreu o miku i em !

SEJFA
(Tue u ngritë) Ali zotni. nuk më besohet se me të vërtetë je Zotnija i em.

ALIU
Po, po un jam, mos kij merak, po ulu nji herë e më kallzo se kush të solli këtu? *(Ulen të dy ballas)*

SEJFA
Ah zolni, fati më suëll.

ALIU
(Me vethe) Engjijt, Zoti ! *(Sejfës)* Po Sejf, si ke shkuë? Më kallzo nji herë se si jeni? Kush ka vdekë e kush asht gallë.

SEJFA
Ah more zotni, a qenke gjallë zotnia e jote . . Un s'pyës për tjetrë kënt ma, por muë të ngratit më vjen çudi se ...

ALIU
(I pret fjalën dhe me merak) Leni nji herë ato Sejf se un qe po jam, por më dëfte se a e kam gjallë Nanën, Tushen e të tjerët.

SEJFA
Po, Tushja mir e shëndoshë asht.

ALIU
(Si kuër se me u çloth nga nji barrë e raudë, me gjithë shpirt) Oh ! shyqyr o Zot *(Sejfës)* Po nana?

SEJFA
(I merret goja dhe s' do me i a kallzuë vdekjen e s' Amës, shiqon rreth e qark) Nana, po na... na........

ALIU
(Me ngutsi e me merak) Fol more Sejf, fol more diç Zotin.

SEJFA
(I shtrënguem dhe i shtangun) Po flas zotni, po flas.

ALIU
(Me zemrim) Fol deh ma ! (Aliu ngrihet në kambë)

SEJFA

(Mleth vethen) s'kam se ç'flas zotni.

ALIU
(I idhnuëm për së tepërmi) Of ma ! Fol more ç' po të pyës!

SEJFA
(Tue luëjt në karrike dhe i shtrënguëm nga pyëtja) Po më pyët . . se . .

ALIU
(Aliu ma i zemruëm) Hë more qite ma (Mëshiu djersët me shamin).

SEJFA
(Popullit) M'a shtrengoj tepër besa, kam me i kallzuë) Besa zotni për t'yt amë rrofsh vetë.

ALIU
(Aliu si kur se asht në kambë me nji herë i bie kokës me të dy duërt dhe rrëzohet mbi karjollë) Or nana e ngralë ! Fat ziu un !

SEJFA
(Me të shpejt i afrohet dhe e kap për krahu) Zotni, të lutem kij pak durim, se do të vdesim të gjithë.

ALIU
(I pikllluem) Ah nanë shkove e dëshiruëme për djalin

SEJFA
Zotni, të lutem mos ban kështu *(popullit)* Ah ç'bana un rrezikziu qi i kallzova.

ALIU
(Vazhdon përvajshëm) Ah nana ime.... A pate fort mall për djalin e vetëm t'andin? A më mallkove no një herë pse un pa lejen t'ande shkova në luftë ? *(I pritet zani, nji kohe vazhdon në qetsi)*

SEJFA
Zotni të lutem ngrehu e të shkojmë në shtëpi, të piqesh edhe me Tushen, se ajo e mjera të dishiron prej kaqi kohe, ajo prej dashunis qi pat me ty hoq dorë nga martesa dhe u ba burnesh

ALIU
(Ngren kryet dhe e shef Sejfën) Si the-e?

SEJFA
(i afrohet dhe tue e lutë) Hajde Zotnija i em, hajde të shkojm në shtëpi e të shihesh edhe me Tushën se ajo për ty e ka pasë shkri jetën. Mos u helmo kaq tepër se jot amë kuër i mbylli syt në vent t' atin pat Tushen, e cila për ty u ba vergjineshë, por hajde të shkojm e të piqesh me të.

(Aliu ri e mendobet)

SEJFA
Urdhëno Zotni, të shkojm se u ba vonë

ALIU
A asht lark shtëpia prej këtu?

SEJFA
Jo Zotni, fare afër.

ALIU
Mirë pra. *(Ngrihet në kambë)* Po teshat?

SEJFA
I ngremë me nji hamall.

ALIU
Fort mirë

SEJFA
(Mer valixhen) Urdhëno Zotni të dalim.

ALIU
Shkojmë por ma parë duhet të pagojmë të hollat Hotelxhiut, ndon se nuk fjeta, se oda kje zanë. *(fut dorën në xhep me qit të holla)*

SEJFA
I pagujm poshtë zotni.

ALIU
Mirë.

(Dalin)

Mbyllet napa.

PAMJA E KATËRTË

(Sqena diften një odë në shtëpi të Tushes, të cilëu e kish zanë me qira në qytet të Tiranës. Një tavoline dhe rreth saj katër karike. Moble fare pak).

PERFLIM I PARE
TUSHJA (VETËM)

(Tushja asht vesh me rrobe të zeza dhe asht mbështetë mbi tavolinë, ka marë përpara fotografin e Aliut dhe tue qam e shiqon mallshëm. Flet me vetëhe):

Ah e mjera un! si më paska falë Zoti vetëm për me vuëjt në kët jetë të shkretë! Nuk pashë ndo nji ditë të bardhë. Aliu, i dashuni i em u vra, Baba m' u vra, nana më la të vogël, pasunia m' u qrabit prej Sërbvet e un qyqja mbeta fillikat e vetëm e e mjerueme në kët botë. I falem me nder Zotit qi m' u ndoth Sejfa e m' u ba nanë e babë, Ali e vlla. *(E merr fotografin në dorë dhe e puth tue e shiquëm mallshëm)* Ah sa qesh gëzuë e më qeshi buza kuër m' a dha këtë folografi Aliu me dorë të vet, por prap un nuk mjaftojsha me këtë; se dojë qi gjithmonë. t' a kemë ngjat trupin e Aliut dhe kështu shpesh herë i ankohesha. Por sot, sot veç kësaj e të përfytyrunit të tij ç' më mbeti në kët jetë plot brengje e hidhnime! Ç'far ngushullimi kam tjetre un ma në kët jetë mundimtare? Me kët e shfryej mallin e zemrës së përvëluëme, me kët marr kurajo dhe i nap forcë zemrës s'eme për me qëndrue në besë qi i kam pasë dhanë Aliut, ah! Aliut t' em e nuk mundem kurrsesi me e trathtuë e me u martuë me tjetër kënt. Dy herë desha me vram vethen, por më penguën dhe ma në funt u betova me ndejt vergjineshë. Gati po mbushen 7 vjet qi buza e ime nuk po qesh, zemra e ime rënkon, syt e mij kullojnë lot, trupi i em po tretet e fytyra e ime po vishket e po e hump fare at bukurin e përparshmet. Ja, shif si jam zbee ? *(Rri e mendon pak dhe njerën dorë e ven në krye e tjetrën e ngren përpjet me dëshpërim)*

Ah o Zot ! Për se nuk m'a merr shpirtin ma! Për se më len të vuëj në kët jetë? Ç'faj bana un e ngrata, une vorfuna qi m'i randon hidhnimet? Kij mëshirë e dhimë o Zot, për muë e m'a ço mortjen se nuk duë të rroj kështu në kët botë në zi e në dëshpërim. Nuk po kam shije ma nga rrojtja, por më bashko me Alin e mos më daj o Zot! *(Tue qam)* Ah Ali... *(e mbëlon kryët me duër dhe mbështetet mbi tavolin)*

PERFLIM I DYTE
Tushja dhe Sejfa

(Hyn' Sejfa e shef Tushen tue qam dhe i afrohet)

SEJFA
Tushe! Tushe! ngrehu, ngrehu !

TUSHJA
(E turpëruëme ngren kryët) A Sejf ti qenke ?!.

SEJFA
Po un jam. Po ti Tushe më ke pas thanë se nuk do qajshe ma !... *(E mer fotografin në dorë)* Po këjo? Ç'e don ma këtë?

TUSHJA
(E habitme dhe e hidhnuëshme) Ç'thuë Sejf? A s'je në ment? a po nuk e njef se cili asht? !...

SEJFA
Jo, e njof por duë me marrë resht se pse e ke marë, mbas si më ke pas thanë se do e harojshe.

TUSHJA
(Ven dorën në zembër) Ah ! nuk munt t'a haroj kurrë Sejf!.. Çuditem si më paske besuë ! Ti e din fort mirë se une për të, hoqa dorë nga martesa *(tue i diftuë robet e zeza)* A nuk e paske kuptuë se gjindja e ime kështu asht gjithnji kujtiini i atij ?

SEJFA
(Tue qeshe) Ha, ha, do me thanë më paske rejtë!

TUSHJA

(Tue mbledhë krahët) Po besa. Po ti për se qesh?!...

SEJFA
Tushe! A do gëzohesh fort si kuër të të sjellsha nji fotografi t'Aliut ma të mirë se këjo?

TUSHJA
Hof Sejf! edhe po talle me muë?!

SEJFA
Jo besa. Po-në të dhansha nji lajm të mirë për Alin?

TUSHJA
(E shtangme) He?! ç'far lajm të mirë munt të më apish për Alin kuër se aj ka shtat vjet e sa qi asht vram. Po ri dish Zotin e mos m'i lëngo plagët e zemrës se si po më duke ti s'qenke nër ment e s' po dij se ç' flet sot!...

SEJFA
(Tue nënqesh) Une, un s' jam nër ment? jam edhe fort bile e. Po në mos pastë vdek Aliu e të jet në mergim?!...

TUSHJA
(Ven dorën mbi zemër) Ah Sejf! të lutem ri ma se asht gjynah!..

SEJFA
(Tuë nënqeshë) Ti nuk më beson a?! ndalu pra! *(Del jasht)*

PERFLIM I TRETE
(Tushja, Seifa dhe Aliu)

TUSHJA
(Tushja afrohet ke dera me pamë, por hapet dera me nji herë dhe hyn Sejfa bashkë me Alin, Tushja e habitshme dhe e shtangme prapset tue i thanë Sejfës) Sejf! kush asht ky qi më prune?!..

SEJFA
A nuk e njef o Tushe?!

ALIU

(i afrohet dhe i lëshon dorën) A më paske haruë moj Tushe ?!..

TUSHJA

(E turbuluëme) Ah! ky za?! ah Ali?! *(rrxohet)* a andër jam?!...

SEJFA

(E kap për krahu) Tushe! qeh pra Aliu, ngrehu!

ALIU

(I afrohet dhe tue u gërmuë mbi të e zen për dore) Tushe! O shpirti i im! *(ngren kryët për piet)* Ah O Zot! nuk dij se si me t' u falë!

(Sejfa mer nji gotë ujë dhe i a lak kryët Tushes)

ALIU

(Tue i a fërkuë ballin mallshëm) Fol o Tushe! fol o shpirt qi t a ndi mbas shtatë vjetsh edhe nji herë at zanin e kandëshëm t'andin, fol të lutem ! *(e kap për krahu dhe e ngren kadal. Ajo i hap syt dhe e shiqon mallshëm)* Oh ! sa i lumtun jam qi po i shof edhe nji herë ato sy të bukra qi une i dishirosha tepërt.

(Sejfa del jashtë)

PERFLIM I KATERTE
Aliu e Tushja

(Tushja rënkon nga pak).

ALIU

(mallshëm dhe me dashuni) Ngrehu Tushe ! ngrehu o shpirt ngrehu o yll' i mëngjezit ! ngrehu o ëngjëlli i Aliut! ngrehu se Aliu për ty ka rrojt, për ty ka ardhë këtu, të gjitha për ty e për Atdhen o e dashme! *(e zen për krahu dhe e ngren)*

TUSHJA

(e shiqon tue i mshi syt për me mos u gabuë) Ah ! a andër jam ? ah ! zëmra e ime Ali ! O dritë ! ah ! *(Aliu e ngren dhe e ul mbi nji karike, vetë i ri ngjat)*

ALIU

Fol, shif nji herë o shpirt i lavdëruëshem se unë jam Ali Vorfi, ai qi të ka dashtë e të don !

TUSHJA

(i a lëshon syt dhe e veren gjatas dhe mallshëm) Ah ! Ali po vdes se s' mundem me e përmbajtë vetëhen.

ALIU

(i a lëshon krahun në qafë dhe tue shiquë në dritë të syvet) O e ambla e jetës s'eme ! fol, qindro pak e kij dhim edhe per muë !

TUSHJA

Më kallzo o shpirt, i dashun se kush asht shpëtimtari i jetës sate qi t' i falem.

ALIU

(Tue nënqeshë) Zoti O e uruëme.

TUSHJA

(ngren syt përpjetë) Ah ! o Zot i math ! më fal se bana mëkatë, më fal se jam fajtore dhe harova se nuk ka tjetër shpëtimtar veç teje në kët jetë. Të lutem o Zot largona e shpëtona nga reziqet e na kij për herë nën mprojtjen e madhnuëshme t'anden. *(Ma me zemër të thjeshtë)* Të njof për Zot të vërtetë ! *(ul kryët dhe ban nji përkulie)* dhe të nderoj si robi i yt ashtu të falem me nder qi m' a shpëtove Alin, të falem o Perëndi për dhimë e mëshirë qi paske për muë të mjerën !.. *(Kthen kryët nga Aliu, i cili po e veshtronte mallshëm e dehjëshëm nga dashunia)* Ali !

ALIU

Lepe!

TUSHJA

Ah ! sa e lumtun jam qi i a arina kësaj dite, fat bardhë jam tue të pamë ty giallë e për anë !

ALIU

Ah! Tushe! po unë deri sot a e din se sa mall e zjermi kam mbajt për ty ? Më tristonte shpirti, më shtangte zamra, më turbullohesh mendja, më mbullonte dishpërimi kuër mendosha se ti ke mbet e vetme, e ngratë, pa kërkënt e si domos kur më përfëtyroheshe e hidhnuëshme dhe e vranët, doja të vras vetëhen, por prap tue të menduë ty e tue besuë se dikuër do të shifemi, ngushullohesha.

TUSHJA
O shpirt' i Tushes !

ALIU
(Vazhdon) Vetëm për ty doja me rrojt në kët jetë të shkretë, dashunia t' ande qi më zotnonte në zëmër më epte forcë e ngushullim ! *(i a lëshon krahun dhe e rrok për qafe, e puth në buzat)* Oh ! engjëll lumnie! .. .

TUSHJA
M' a fike zemrën Ali!

(Pak pushim)

ALIU
Po nana më kish vdek Tushe?

TUSHJA
(E habitme dhe e shtangme) Si? jo! kush të tha?

ALIU
Po, po, mos e mshef se më kallzoj Sejfa.

TUSHJA
(E hidhnueme) I marri! *(Aliut)* rrofsh vetë more shpirt, ç' me ba pra? ashtu kish urdhënuë i madhi Zot!

ALIU
Ah! Tushe! m' u dhims tepër e shkreta nanë, se dëshirojsha t' a shof e të më shef edhe nji herë.

TUSHJA
Ç' me ba pra o dritë! fati i zi, mordja e pa dhimshme na e largoj.

ALIU
(ul kryet) e ngrata nanë !

TUSHJA
Dritë pastë e Zoti na pjektë n' at jetë.

PERFLIM I PESTE
Të parët dhe Sejfa

(Hyn Sejfa)

SEJFA
A s' do të hamë bukë sonte ?

ALIU
Po, po.

TUSHJA
(Aliut) Qeh nji njeri besnik për ty e për muë në kët jetë ! nuk hoq dorë kurrë prej meje.

ALIU
I falem me nder, unë kam qenë sigur nga besnikëria e Sejfës.

TUSHJA
Ky më bani motër e me krahet e këtij unë kam rrojt si Zonjë edhe në ditët e zis e të Muhaxhirllëkut.

SEJFA
Unë s' kam ba gja Zotni! at e kam pasë borxh se baba i Z. s' ate s' ka lanë punë pa ba për shtëpin t' onë.

ALIU
Ato qi ka ba im atë i ka ba kundrëll shërbimit e besnikëris qi kini pas diftue, po ulu e më kallzo nji herë se si kini shkuë?

(Ulet Sejfa mbi nji karike)

SEJFA
Nji herë na kallzo Z. e jote se si shpëtove, a po si u ngjalle, mbasandaj t' i diftejmë edhe ne hallet t' ona.

ALIU
(Tue nënqeshë.) Mirë pra. (Me serjozitet) Sejf! e

di ti qi sot shtatë vjet, at ditë në mëngjes heret tue gëdhi kuër patëm ba nji huxhum për mbi Sërbët afër Gostivarit, unë e ti ishim bashkë, por në valë të luftës kjemë dam, ndoshta nga qi kjemë turbullue nga lufta. Mbas pak luftimit unë u plagosa e mora tre plumba, mbeta nga fuqia. Nuk dij kurr gja pse e kisha pas humbë edhe menden e kisha qen turbulluë. Më kishin pas ngritë e më kishin pas çuë në Gostivar. Kuër rashë në ment pashë se isha në nji shtëpi të huej, ngjat kisha nji fëtyrë qi nuk e njifshe. Kuër e vështrova aj më pyeti në gjuhën Shqipe se si jam dhe a desha gja. U habita kuër ndigjova qi më foli Shqip. Plagët i kam të randa i thashë e aj më tha se mos kij merak se mjeku më tha qi për tri javë do të shërohen. *(Aliu mer frymë pak)* Të mos e ngjasim fjalën ky kishte qenë me të vërtet Shqiptar. Të ngratin Sërbët, si gjith popullin tjetër e kishin pas marë përdhunas dhe e kishin pas qitë të luftonte kontra nesh, e aty kuër isha plagosë un bashk me nji shokun e tij më kishin ngrit e më kishin pas mëshef në nji pyll e mbasandaj më kishin çuë në shtëpi. Mbas disa kohë na hetuën Sërbët dhe na zunë e na çunë në Beligrad, un nuk e difteva emnin e vërtetë. Nji herë u aratisëm nga burgu, por prap na zunë dhe na çuën në Shkup. Këtu në nji natë t' erët dhe të ftohët, kuër po binte nji vdorë e madhe na qitën në fushë me na therë por fati i jonë njëni nga tre ushtarët qi na kishin qit, kishte qenë Shqiptar nga të Kosovës dhe kështu në vent qi të na thershin ata ne, i therëm ne dhe u aratisëm. Kapërcyëm kufin dhe u futëm në Bullgari. Atje ca kohë ndjejtëm mshefët, por ma vouë rame ne sy të qeveris dhe na zunë. Mos të harohet se edhe ushtari Kosovar u bashkuë me ne.

Mhas si krisi lufta botnore u aratisëm dhe prej këndej e u futëm në Rumani e mbas pak kohë duelëm në Sarnsun të Turqis.

Turqit qi kishin nevojë për ushtarë, na rokën e na futën në luftë. Këtu u ndava prej shokve e nuk e pam njëni tjetrin. Më çuën ne Kaukas, Bagdat dhe ma në funt në Palestinë. Katër herë u plagosa dhe ma vonë në motin 1917 rashë rop në duër t'Inglizvet, të cilët më çuën në Hind, në Bumbaj. Për shkak qi u aratisën disa Gjermanë me nji torpidinier, na ngritën dhe na futën mbrenda, fare thellë e s' na lishin as me e luëjt gishtin. Kuër u mbaruë lufta e u liruëm, më hangër dreqi e u zuna me nji Ingliz. Unë e shqeva me nji thikë dhe aj më plagoj. Si Inglizi ashtu unë u shëruëm mbas disa kohe, por muë më futën në burg e më mbajtën deri tash qi më falën. Prej andej më hypën me nji vapor e më qitën në Llondrë dhe prej Londre më nisën për Durrës. *(Mer frymë me kënaqësi)* E tash i falem me nder Zotit, ndodhem në tokën Shqiptare ngjat të dashurvet të mij.

TUSHJA
(Ven dorën në zemër) Hof ! se ç'paske hjek Ali !

SEJFA
Bre, bre ! jetë gjati ! ...

ALIU
Hej më kallzoni pra edhe ju se ç' kini hjekë në këtë jetë plot brengje.

SEJFA
Besa edhe ne mjaft kemi hjekë në kët muhaxhirllëk.

ALIU
Me të vërtet Sejf ! a duëlën shum muhaxhirë, ? se m' a kallzuën fare keq në Durrës.

SEJFA
Gjith populli. Dibra e madhe, shehëri, Dibra e vogël, Reka, Golloborda, Malësiat, Luma, Gora, Hasi edhe shum prej Ohri e Struge.

ALIU
(I prekun në shpirt) Hof ! Të ngratët! Po a bani shum dam Serbia ?

SEJFA
Në këto vise qi të përmenda nuk besoj të ket mbet shpi në kambë, gjith i doq e i rënoj. Bereqet, bagëti

e plaçka shtëpie sa ç' gjet të gjith i plaçkiti.

ALIU
(Me dhimsuni) Hof medet ! Po njerës a vrau shumë ?

SEJFA
At qi e gjet e theri dhe e vuë në plump, por gjih mileti a aratis e nuk mbetën veç disa pleq e plaka, të cilat i theri.

ALIU
Hej medet ke qenka shkret Dibra ! Të mjerët Dibranë !

SEJFA
Po në disa katunde ka therë edhe shum gra e fëmij.

ALIU
(Me nevri) Oh sa të poshtëm qenkan kta Sërbët !

SEJFA
Ah Zotni ! ato qi kemi hjek ne, nuk rrëfehen me gojë, t' i shifshe Zonjat pasanike të sheherit t' onë kuër ikshin zbath e dikush e hudhte fëmijen në Dri, dikush mbytesh vetë, dikush e tristuëme prej anmikut luente menden. Bjeshkat e nalta si qafë Morizja e ajo e Bullit, kjenë ba dyshekët e nusevet të reja qi pjëllshin pa kohë nga friga.

ALIU
(i helmuëm) Hof të mjerat!... po në kto vise si kini shkuë?

SEJFA
Kemi hjekë mjaft, por Huqumeti na epte bukë dhe populli i Shqipnis së mesme, si domos Tirana dhe Elbasani na kan mbajt e na kan nderuë fare tepër sa na e haruëm të keqin, na u diftuën bujarë, nderorë, vëllazën të vertetë.

TUSHJA
Nuk u kursyën kurrë për muhaxhirët dhe gjith nji na flitshin me nji gjuhë t' ambël për me na ngushëlluë.

ALIU
U lumtë me të vërtet qenkan Shqiptarë.

SEJFA
Ashtu kishin qenë besa, me e than të drejtën.

ALIU
PO Salih Vulnetari e Sadik Veriu a rrojnë ?

SEJFA
Salih Vulnetari rron, por Sadik Veriu u vra në luftë qi u ba me Sërbët kuër u ra Elez Jusufi.

ALIU
Kuër ?

SEJFA
Në luftën botnore kuër u thyën nga Austrijakët e po ikshin në për Shqipni tue kaluë në për Prizrend. Elez Aga u zu rugën dhe u vu pushkën, u vranë ma tepër se 2000 Sërb, u muerëm topat, mitraljozat dhe gjith ç'patën.

ALIU
I lumtë Elez Agës besa. .

TUSHJA
Të shkoj t' a baj gati bukën se u ba vonë.

ALLU
Mirë fort.

SEJFA
Po vij edhe unë me të ndihmuë. (dalin të dy)

PERFLIM I GJASHTE
Aliu vetëm

(*Fërkon ballin me dorë dhe tue shëtitë*) Çudi e madhe- po më vje., Me sa kuptoj unë populli Shqiptar paska ndryshuë qint për qint. Qënkan ba lufta, qënka okupuë shpesh herë Shqipnia prej ushtërive të hueja, qenkan ba revolisjone, e qënka trondîtë shum herë Shqipnia e mjerë. Populli qenka zgjuë nga gjumi i randë e disi paska filluë me u lëvis e me u vuë n'udhëtim të rrugës së mbarrë. Tash po e kuptuëka erësinën e madhe- qi e ka pas mbëluë atë bashkë me Shqipnin në kohët e para tiranike të Turqis, edhe si i zgjuë nga ajo andërr e tmerrshme, me hidhnim qënka tue i mëshim e tuj i hapë syt me pamë se sa posht ka mbetë, se sa ishte gabuë prej intrigantve. Kam marr vesht se Qeveria e jonë Shqiptare e bazuëme në vullnetin e hekurt dhe- n' atdhedashtunin e pa tundshme të këtij populli paska munt me kapërxyëm shum çaste të rezikshëme. *(Mbas pak pushtimit)* Më thanë edhe se Qeveria ka çuë ne Dibër nëpunsat e duhun për me marrë nën dorëzim tokët e okupuëme prej Sërbve mbrenda kufinit 1913ës dhe me organizuë zyrat e vendit. Në qoft se Qeveria kët herë i nep rëndësin qi meriton çashtjes së Dibrës e me masa dipllomatike apo me mynyra të tjera përpiqet për lirimin e saj, besoj se ka përmbushë nji pjese me randësi të detyrës së saj për sa i përket kufivet t' ona etnograffke, për ndryshe; kam dyshim se nuk do të mund me i bamë ballë ngjarjevet të përditshme qi kan me buruë, si deri sot, në mest të shqiptarve të robënuëm e të Sërbve e kështu konflikti Shqiptaro-Sërb nuk do të ketë të mbaruë. Ky asht nji problem qi ka për t' a lodhë për së tepërmi Qeverin.

PERFLIM I SHTATË
Aliu dhe Sejfa

SEJFA
Urdhëno zotni të ham bukë.

ALIU
Mirë. *(Ngrihet në kambë dhe tue u nisë me dalë)* Sejf, banu gati se do të shkojmë.

SEJFA
Ku ?

ALIU
N' Aras për me u bashkuë me shokët, se ndoshta

Sërbët nuk kan me ndëgjuë t' a lirojnë Dibrën.

SEJFA
Po në mos e lirofshin ?

ALIU
Do të shtrëngohemi me luftuë. Vetëm nuk dijmë se ç'farë programi ka Qeverija mbi kët çashtie' por edhe këtë munt t' a marrim vesht nga nënpunsit kompetent qi ndodhen sot n' Aras.

SEJFA
Un jam gati kurdoherë, vetëm të lutem të mos nisemi shpejt se më vjen keq për Tushen.

ALIU
Për se të vjen keq për Tushen ?

SEJFA
Më vjen keq se pa me u ngimë me njani tjetrin, e nismja e zotnis t' ate për luftë, asht e ditun se atë do t' a helmon për së tepërmi.

ALIU
Atherë nisemi sot nji javë dhe Tushen e marim me vetëhe dhe e lamë në Mat ke Zogolli der sa të mar funt çështja e Dibrës.

SEJFA
Forf mirë.

ALIU
Shkojmë pra të hamë bukë *(dalin)*

Mbyllet napa

PAMJA E PESTE
(Sqena dëften nji odë në nji shtëpi në katundin Aras të Dibrës. Në nji kant t' odës ndizet nji Kandil i vogël për dritë. Ka vetëm, nji shkamb, në mur asht varë nji mauzer- me gjithë rrypin e fishekëve).

PERFLIM I PARË
Aliu Vorfi vetëm (veshun me kostum Dibre)

(Aliu asht ulë mbi shakp e mendohet. Ma vonë tue ngritë kryët drejt dritares shef Hanën dhe mëshanë).

ALIU

(Me vehte) Ah ! o Hanë e bukur! A thuë se dikuër në jetë t' ime kam me e pasë fatin e bardhë me të pam ty prej qytetit t' im? Prej asaj Dibrës së shkretë qi sot me të vërtet asht robnuë e asht mbuluë nën ret e zeza. Rezet e arta të tujat o Hanë', nuk shkëlqejnë ma mbi të. A thuë o Hanë se e ke pam ndo nji herë si sot në shkreti e mjerim Dibrën qi ma parë ka qen në lulëzim e në madhni? A s' asht mëkatë o Hanë qi ai qytet i famshëm të rrënohet e të shkretnohet prej nji dorës së huëj mizore? *(pushon pak dhe ngrihet në kambë e tue shiquë për drejt dritares)* I ndëgjoj buçimet e tuja o Drini plak, i ndëjoj ! As mos m' u lavdëro as mos m'u trimno ! se ti sot je poshtnuë e ke ranë nga syni i botës, nuk e ke ma at famë qi ke pasë deri dje. Se ti u shkele dhe u munde prej anmikut e ende vazhdon i qetë e nuk po mëzitesh e nuk po neveritesh. Përse nuk ngufmove o Drin e me tallazet e tu t' i mbytje katunde e qytete, fusha e male, ç' ka të gjejshe përpara, para se ato të shkileshin prej armikut. Thuëj pra Adriatikut, shpëtimtarit të Shqipnis se edhe ti ke në gjinin t' at vise të bukura e të hijshme qi ende rënkojnë prej zgjedhjes mizore të Sërbve. Shpejto o Drin ! e derdhi valët e tua n' Adriatik e përplasi në brigjet e atyne mbretnivet të mëdha ashtu njoftoji se je i përziëm e ishtuëm me lotë të Shqiptarve të robnuëm.

(Lodhshërn ulet mbi shkamp, turbulluëshëm shef për drejt fushës së Kastriotit qi i hapet para. Mbas pak vështrimi ngrihet në kambë) Po ti O Kastriot ! O kandundi i Tushes s' eme ! Në gji t' ant leu Kastrioti i math e sot si munt të rrojsh nën hijen e shëmtuëshme t'armikut? O fushë historike. e Ka'striotit! O qytet i moçëm ! për se nuk u njome

me gjakun t' onë e të mos shkileshe nga ajo kambë e ndyët e armikut? *(Mbas pak)* Ju O dëshmorët e Kastriotit qi kini ram në gjumin e randë nën gërmadhat e atij qyteti të rënuëm e historik, çohuni e shifni se ç' po punojnë Sërbët mbi vëllaznit e juëj.

(Mbas si pushon pak) Sërbët, elementi turbulluës i Botës, sot, mbas (14) pikat e Vilsonit dhe kuër bota mbarë mundohet t'a bije në vent paqën e tronditme dhe të përgjakshme për lirin e kombeve, ata, Sërbët, kuxojnë e pa pasë no nji të drejtë i kapërcejnë kufit Shqiptare dhe okupojne tokët t' ona. Sërbët qi i dhanë shkak luftës përgjithshme dhe mjerimit të sotshëm qi e ka mbuluë Botën, pa u terë gjaku i dëshmorvet t'onë Dibranë e Kosovarë, kërkojnë të zgjanohen e të shtyhen ma këndej kufinit t'onë. Kjo na ep të kuptojmë çiltazi se qëllimi i tyne asht me e shdukë rasën Shqiptare dhe me mëkambë në Ballkan nji Rusi të re. Europë ! duhet t'a dijsh se Shqiptari, ai qi luftoj dje për ball t' asaj fuqis rrënimqare të Turqve e të shpëtoj ty nga rreziku, sot i dëspëruëm nga mos përkrahja e jote e nga pa drejtësia qi i bane ; me armë në dorë po del me i kërkuë të drejtat e veta. Dil e shif o Europë e verbët se si janë rrenuë e shkretnuë krahinat Shqiptare të Dibrës qi Skender Beu, Heroi shekulluër, i ka pas bam lamë lufte për shpëtim të Shqipnis e t' andin. Prandaj do të luftojmë edhe nji herë e do t' i dëftejm aumikut se bijt e Plasgëve të Motshëm nuk i durojnë në tokën e tyne, do t' i njoftojmë se zoqt e Shqipes së Lirë nuk e dëshirojn jetën kuër çerdhja e tyne pushtohet prej të huëjve *(Ma me gjak të nxeht dhe tue dëftyëm grushtin)*, Po, po do t'i provojmë edhe nji herë armët t'ona e do të dalim në fushën e burravet për me u njoft me armikun, pse duhet t' a mari vesht se përpara ka nji popull Shqiptar qi nuk i trembet syni kurrë nga pushka e armikut. Do të hudhemi edhe nji herë në mes të rezikut për me e shpëtuë Atdhen e robënuëm dhe le të tingullojë në veshin e shurdhun të asaj Evrope krisma e pushkës

së Shqiptarit qi e zbras për të drejtat e veta. Le t' a kuptojë Sërbi se nuk mbahet Dibra me dy, a tre vagabonda qi i ka ble me ar dhe me ata Dibranë të ngratë qi i shtije të luftojnë kontra Shqipnis me fuqin e bajonetavet *(ma me gjak të nxehtë)* Le të shëmben kodra e male e të përmyset gjithë Dibra, le të vëlojë Drini e t' i mbulojë lëndina e fusha, le të tronditet Dheu e të rënohen shtëpia e katunde, le të oshëtojnë edhe nji herë këto gryka nga lufta e Arbënorit, le të shënohen në fletët e historis kombëtare edhe nji varg lufta të bame prej Dibranvet për Dibrën e tyne drose pa sukses le të jenë kujtim i fëmis s' onë....
(E pret fjalën me nji herë nga shkaku qi hyn Sejfa dhe me të shpejt kthehet mbrapa, por kuër e shef Sejfën, qindron).

PËRFLIM I DYTË
Aliu dhe Sejfa

SEJFA
(hyn prej mbrapa) Zotni !

ALIU
(I hidhnuuëshëm) Ç'do more ?

SEJFA
Nji letër për Z. t'ande... *(i a nep dhe niset me dal)*

ALIU
(Me nji za urdhënuës) Prit!

(E çil letrën dhe e këndon me za)

z Ali Vorfit

n'Arras

Fuqit u banë gati. Me të shpejt duhet të vini këtu qi para se të zbardhi drita të fillohet lufta, e cila ma parë do të niset prej Suf Xhelilit ke vorret e Shënbatit kontra nji regjimentit, dhe mbasandaj prej këndej.

Me nder: Elez fusufi

ALIU
(Sejfës) Kush t' a dha' kët letër?

SEJFA
M'a dha nji malësuër Zotni

ALIU
Kuër t' a dha ?

SEJFA
Tashti Zotni.

ALIU
A asht aty ?

SEJFA
Po.

ALIU
Mirë pra. *(Mer e shkruën uji letër dhe si e mbaron mendon pak e)* a e din se sa kemi sot or Sejf? se i paskam harue edhe ditët

SEJFA
Besa nuk dij gja Zotni. veç mbaj ment se ditën e parë të Gushtit allafranga jemi nisë nga Tirana.

ALIU
At herë sot kemi 15 se tri ditë rugë e 13 qi ndodhemi këtu bajnë 15.

SEJFA
Po.

ALIU
Mirë fort *(e shkruën dalën 15 Gusht 1920 dhe mbas si e mbyll, i a nep Sejiës)* Na epja t'a çon sa ma shpejt.

SEJFA
Mirë. *(Del)*

PËRFLIM I TRETË

Aliu vetëm

(Aliu ngrihet në këmbë)

ALIU
(Më vetëhe) Po niset lufta, Zoti na ndihmoftë. S' kimi ç' me ba, ndryshe nuk po shporen këta Sërbët e keqij. Pa vdek nuk sigurohet jeta e t' jetrit. Por, me të vërtet kishin pas sjellë fuqi të madhe. Veç fuqis qi kanë rreth Drinit, edhe ke shtepiat e Dine Hoxhës kjshin pasë nji regjiment ashtu nji tjetër ke të Murat Kaloshit e nji ke vorret e Shenbatit. Topat e mitialjozat nuk numerohen. Po të shofim se a ka me na ndihmue fati. *(Mbas pak)* Dine Hoxha e Murat Kaloshi, jam sigur se kanë me i dërmuë ato regjimenta qi kanë në katundet e tyne, si mbas fjalës qi na çuen e atë të Shenbatit Suf Xhelli e faron për dy sahat. Ne na jet vetëm bregu i Drinit Poh, bregu i Drinit qi e kan forcue mjalt mirë me topa e mitraljoza ashtu edhe me tela. Po nuk do i u ban dobi se në sulm të parë, i kemi thyem besa. *(Çel orën dhe e shef)* O qënka vonë !... *(afrohet ke dritarja dhe shef)* O ! paska zbardhë.

(fillon me u ngjeshë me shpejti dhe i thret Sejfës) Sejf !

(Me hji herë ndigjoliet nji krismë pushkësh dhe vazhdon, zani a besa besë, me dorë, me dorë ! . .)

ALIU
(me besdi) Obubu ke krisi lufta e unë hala jam këtu *(thëret)* Sejf ! Sejf!

(nji za prej së jashtmi) Lepe !

PERFLIM I KATERTE
Aliu dhe Sejfa

(hyn Sejfa)

ALIU
Shpejt banu gati Sejf se do lë nisemi.

SEJFA
Gjiithmon gati jam zotni.

ALIU

Të lumtë ! *(Tue ngjesh armët dhe mbas si mer mauzerin në në dorë, popullit)* Zoti na ndihmoftë! *(Sejfës)* Hajde! *(Dalin të dy. Pushka e topi vazhdon)*

MBYLLET NAPA

PAMJA I GJASHTË

(Sqena dëften nji odë në nji shtëpi në katundin Banjishtë të Dibrës. Aliu dergjet në shtrat dhe lëngon nga dy plagët qi ka marrë në trup. Tushja e ka mbëluë kryet më duër dhe qan. Plaka, e Zonja e shtëpis veshun në të zeza bashk me të ren, rijnë në nji kant të odës, të qetë. Nusja mban në prehën nji foshnjë)

PERFLIM I PARE

Aliu, Tushja, Sejfa, Plaka dhe Nusja.

ALIU

(Tue rrenkuë) Tushe ! ç' ban ashtu ?

TUSHJA

(Ngren kryët me nji herë dhe me dashuni) ç'do o lofkë ?

ALIU

Pse qan o Tushe ?

TUSHJA

(Tue mëshim lotët) Jo, nuk po qaj.

ALIU

E shof, e shof *(rënkon)*.

TUSHJA

A të dhambin fort plagët o Ali ?

ALIU

(Tue rënkuë dhe me dëshpërim mëshan) Ah ! jo fort Tushe por ti mos kij merak Tushe, se Aliu ty s' të... len... të ngratë !

TUSHJA

Ç' thuë kështu Ali ?

ALIU
Jo, kurrgja. *(Sejfës)* Sejf ty të kam bam vlla. Tushen mos... m'a len... *(i pritet zani)*

SEJFA
Ç'po thuë zotni ?

TUSHJA
Ah Ali !

ALIU
(Tue marrë pak fuqi) malli i em asht... i juëji, thirni nja 3 a 4 vetë...

TUSHJA
(I pret fjalëu) Ali e kujt po i a leu two mall këshu?

(Aliu i lodhun fare i rëzohet kryët mbi jastik dhe e mer gjumi)

SEJFA
(Tue u ngrit në kambë, populit) Ah ! u thaftë ajo dorë mizore e atij Sërbi! *(E zen për krahu Tushen dhe i thotë)* Tushe ! ngreu e mos qaj se asht gjynaf për këtë.

TUSHJA
(Ngren kryët) Po. *(Ngrinet në këmbë dhe del jashtë për me pruëtn uj të ftofët.)*

PERFLIM I DYTE
të parët

(Aliun e ka marrë gjumi i kllapis dhe here herë rënkon. Plaka ka mbuluë fytyrën me duër dhe mendohet ashtu dhe nusja rije kërusun mbi foshnjën qi ka në prehën).

SEJFA
(Në kambë, populit) I shkreti Ali ! i shkoj jeta gjithmonë në mjerim ! ma në funt po bahet theror i Atdheut. I ngrati djalosh ! Sa u gëzuë nji javë përpara kuër muër vesht se Sërbët e mundun, e kishin liruë edhe qytetin e Dibrës së Madhe, e

thoshte se nji marrëveshtje e Qeveris s' onë me atë të Beligradit munt t' a shpetojshin edhe at qytet. Besonte se Sërbia do të hiqte dorë prej Dibre ! Aji s' po na e liron keta qi na i ka lanë Europa jo të na liron Shehrin ! *(E shef Alin me dhunsuni)* Nuk u gëzuë kurrë, fatziu.... Vetë e kam pasë rrit si fëmin t' etne e desha qi t'a martoj vetë me Tushen qi e deshte fort, por fati i shkretë mortja zullëmqare asht tue e rrëmbyëm .... Nuk besoj se ka me rrojt ma se nji sahat. Ah ! po sa më dhimbet ajo femën, Tushja e ngratë qi i shkoj te rinia në zi ... *(pushon pak)* O Zot ! Kij dhimë edhe për ne e na e shporr këtë anmik, na liro nga këto vargonj qi na kan lidhë se...)

PERFLIM I TRET
Të parët dhe Tushja

TUSHJA

(Hyn Tushja me nji got ujë në dorë dhe i afrohet Aliut e i nep të pijë) Ali ! pij pak ujë !

(Aliu pije pak)

ALIU

M'a nep dorën ... Tushe!

TUSHJA

(I a nep dorën dhe zen me i a fërkuë t' atij) Si dukesh Ali? A je ma mirë ?

ALIU

(Tue i luejt vetullat) Ah ! s'jam mirë...

TUSHJA

(E pezmatuëme) Gajret o Ali !

SEJFA

A do të mbështetesh në krahnuer t'em?

ALIU

Po.

(E merr Sejfa dhe e mbështet në krahnuër të vet)
(Tushja herë i fërkon ballin e herë duërt)

ALIU

(Me nji za të mekun) Tushe mos më... harro!..

TUSHJA
(E dishpërueme dhe me za të përvajshëm) Ah! Ali! Mbas teje për muë asht haram jeta. *(Qan dhe e mbulon fytyrën me duër)*

ALIU
Ah Tushe ! Nuk qenka... kismet me u bashkuë... Kështu paska thanë Zoti...

SEJFA
Të lutem zotni mos fol se lodhesh e të randon sëmundja.

ALI VORFI
(I dispëruëm) Ah! Sejf! këto janë ma... fjalët e fundit... të Aliut... Ma fort se për... ç' do gja më vjen... keq për Dibrën.. se s' mundëm me e shpëtuë... edhe kët herë...

SEJFA
(Me qëllim qi t' i napi fuqi morale) Jo mor Zotni, jo, se ti do të rrojsh edhe nji qint vjet, dhe Dibra do të shpëton. Prandaj mos u helmo.

ALI VORFI
(Tue luëjt kryët në shenj vërtetimi) Poh. e dij, e dij or Sejf!.. *(Tushes)* Ah o Tushe ! zemra po.. më ndizet... si vollkan... shpirti po më.. shkrihet.. si...

TUSHJA
(E prekme në shpirt) Ah Ali ! Ç' të baj unë e shkreta?! *(mbëlon fëtyrën me duër dhe qan pa za)*

PLAKA (SEJFES)
A s'asht ma mirë mor bir?

SEJFA
(Me za t' ulët) Mjerisht, jo moj nanë.

ALI VORFI
(Në kllapi) Qëndroni o burra!... bini, bini... a besa besë... me dorë... me dorë.... o trima ! *(i çel syt dhe e shef Tushen mallshëm)* Ah ! e mjera Tushe!.. unë nuk.. mora vesht... gja... në këtë...jetë... veç dashunis

s' ate... e besnikëris së... Sejfës... *(Lodhëshëm)* Jeta... nuk kish.. qenë !.. tjetër.. veç se... vuëjtje... *(I mbetun nga fuqia)* Ah !... nuk.. shof.. mirë.. Tu... she.

(Sejfa e kap për nji dore dhe Tushja për tjetrën, e i a fërkojnë. Aliu i çel syt dhe u hudh nji veshtrim të përmallshëm).

ALI VORFI (TUSHES)
(Me za të mekët) Ah! zemra... ime...

TUSHJA
(Ngrihet në gjunjë dhe i a puth buzët Aliut me nji dashuni qi ngufmonte nga zemra e saj e përvëluëme) Ali ! O shpirt *(e harlisme përulet me nji anë).*

PLAKA (ALIUT)
(Afrohet ke shtrati) Gajret or bir ! banu i duruëshëm. Edhe djalin e vetëm t' imin m'a vranë Sërbët, por at nuk u përshtyp kaq tepër nga dhamjei e plagëvet. *(Tue diftuë me dorë nusen e foshnjën qi mbante ajo në prehën)* Ja, ku asht nusja dhe foshnja e tij në zi e mjerim !..

(Sejfa, Tushja dhe Plaka i rin ngjat dhe e përgjojnë me kujdes të posaçëm)

(Aliu mer frymë ma me të vështirë, dhe mbas si i çei syt edhe nji herë, i mbyll për jetë)

TUSHJA
(E pikëlluëme bërtet) Hofshoto!. e mjera une!!..

SEJFA
(Tue shtyë Tushen dhe tue larguë nga shtrati) S' ka gja, jo.

PLAKA
(E helmuëme dhe tue i raft duërt) I shhreti djal!..

NUSJA
(Len foshnjën nga prehëni dhe shpejton ke shtrati tue brit) Prattoj !...

(Sejfa, Plaka dhe nusja bashkarisht godisin në shtrat trupin e Aliut të vdekun).

TUSHJA
(Rrok thikën qi asht pranë shtratit, kuër të tjerët janë tue goditë trupin e Aliut, dhe e ngul në fyt tue thanë) Më fal o Zot, se ndoshta baj mëkatë... por ç'të baj?.. *(Sejfës)* Lam të mire or Sejf! Më beko!... *(I mbyll syt për jetë, shtrihet për dhë, gjaku shkon rrëkajë.*

SEJFA
(Tue ndigjuë zanin e Tushes, kthen kryët me nji herë, e kuër e shef Tushen të shtrime e të lame në gjak, i bije kokës me grushta). Hof! ç'qenkan shkruë për muë? !... *(Shpejton e kap Tushen, por ajo kish mbaruë, ngren kryet përpjetë)* O Zot ! kij dhimë për ne!

PLAKA E NUSJA
(tue qam) E mjera Tushe!

(Ndigjohen pushkë e topa prej së largut).

SEJFA
(Plakës dhe nuses)

(I pezmatuëm dhe i trubulluëm). Ju lutem më ndihmoni t' a fusim dhe këtë të shkretë në shtrat të Aliut.

PLAKA
Po.

(Të tre e ngren trupin e Tushes dhe e' fusin ne shtrat të Aliut).

SEJFA
(Plakës e nuses)

Ju lutem na gjini nja dy a tre vetë qi t' i vorojmë.

PLAKA
Po dalim jashtë të kërkojmë.

(Plaka e nusja dalin jashtë)

PERFUM IKATERT
Sejfa (vetëm)

SEJFA
(Rije në kambë dhe tue i veshtrue dy të vdekmit, me nji za të trashë e të mbytun gadi në vaj) Eh! le të gëzojnë dhe le të bashkohen n'atë jetë !.. Aliu i vorfën, Tushja e ngratë !

(E shiqon trupin e Tushes dhe me nji za të dhimbshëm) Poh, o Tushel o burbuqe trandafili! s' munde me duruë e me e pam Alin t'an të vdekun, të dhimbesh a?!.. po a s' t' a dhimb ai trup i bukur i joti o Hanë? ! per se o Tushe there vehëten?!.. për se o shpirt 'i mirë fluturove aqi shpejt?-. për se u vishke pa kohë o lule e bukur? për se o bija ime? (I pikëlluëm i afrohet trupit t'Aliut dhe me uji za të përvajshëm) Ali ! o theror i Atdheut ! o shkëndia e djelmënis Dibrane ! u fike, u shove edhe ti! .. ah Dibra fatkeqe !..

(Ndigtohen pushkë e topa)

SEJFA (VAZHDON)
(Tue i shiquë mallshëm e dhimshëm të dy) Ju po iu shkëlqen fëtyra e po ju zbukuron ajo hija e dëshmorve, po muë, ku më latë? ! ku e latë besnikun e përjetshëm o të bekuëm ? ! *(I pritet zani)* A po më haruët muë të ngratin, rrezik-zin? ! a nuk ju shkoj mendja se kini dhe nji shok në këtë jetë? !.. a po më latë me i pritë Sërbët e me më therë si ber?!.. *(Mbas pak)* Edhe në qoftë ashtu, ani, s' ka gja ; se muë nuk më cenohet dashunia!.. *(Mbas nji veshtrimit të gjatë)* Bekuë qofshi prej meje o të dashun ! Zoti na pjektë në atë jetë! Perëndia ju pranoftë në Mbretnin e vet !..

(Ndëgjohen prap pushkë e lopa)

SEJFA (VAZHDON)
Ja, ja, ke u afruën Sërbët! Ah! Sërbë! prap edhe

këtë herë po na shkilni! por t' a dini se ky popull nuk ju a harron dhe nuk ka me ju lanë kurrë qi t'a gëzoni vendin e tij ! T' a dini se Dibra asht Shqiptare!. *(Mbas pak pushimit)* U thyëm, u mundëm edhe këtë herë pse s'kishim armë, munisjon ashtu dhe përkrahje ; por t'a dini o Sërbë t'egër se nuk na asht thyë vulneti, nuk na asht pakësuë ndiesia kombëtare e mos kujtoni se ne u shtypëm e u mundëm për jetë, se ne prap se prap do ju turremi e do ju sulemi për me ju shporë prej vendit t'onë! .. *(Tue i ra tokës me kambë dhe me zemërim)* se kjo tokë asht e do të jetë Shqiptare !...

(Kërset pushka, gjëmon topi në nji mënyrë të rregullshme).

PERFLIM I PESTË
Sejfa, Plaka dhe nusja e foshnja.

(Plaka e nusja hynë mbrenda tue bërtit dhe tepër te trembme)

PLAKA
Na erdhën prap Sërbët! hofshoto! të mjerat na!

NUSJA
Do të na therin Sërbët! të zezat na !

SEJFA (PLAKËS E NUSES)
Mos u tutni bre! se jeni Shqiptarka!

(Sejfa me të shbejt mer pushkën në dorë dhe e kontrollon)

PLAKA E NUSJA
(Struken në nji kant t' odës dhe të tristuëme.) Obubu ! Obubu !..

PERFLIM I GJASHTE
Të parët dhe katër ushtarë Sërb

(Hynë mbrenda katër ushtarë Sërb me bajonetat e vuëme mbi pushkë dhe tue i u turrë Sejfës thonë:

Je bemu Albanski!)

SEJFA

(Me nji herë kthen pushkën dhe shtie mbi la tue thanë) Kështu u përgjigjen Shqiplarët armiqve! *(Njëni ushrar ra për dhe)*

PLAKA E NUSJA

(Të frikësuëme) Prattoj!.. abubu!..

USHTARËT SËRB

(Shtin mbi Sejfën tue thanë) Jebemti sestra!

SEJFA

(Në flakë të tyne shtie dhe lëshon të vdek për dhe nji tjetër i cili bërtet "Lele majko!") Të poshtëm!

USHTARËT SËRB

(Shtijn mbi Sejfën prap dhe e rrëxojn për dhe të plagosun dhe i turren me bajoneta) Jebemti Boga!..

SEJFA

(Ep shpirt tue thërit) Rroftë Shqipnia!

(Dy ushtarët Sërb mbas si therin Sejfën u drejtohen plakës e nuses me gjith foshnjë)

PLAKA E NUSJA

(Tue mbrojt vetëhen me duër, të tristuëme) T'egër! të poshtëm! ah! të mjerat na!

(Foshnja qan me të madhe)

(Ushtarët Sërb mbas si therën plakën, nusen ashtu dhe foshnjen e vogël me nji mënyrë barbare, afrohen- ke trupat e vdekun të Aliut e të Tushes, të cilëve u fusin ca bajoneta dhe i shajnë tue u thanë:) Jebemti Boga!...

(Ndigjohen pushkë e topa pa pre dhe zana besa besë, besa besë!.. o bura!.)

MBYLLET NAPA
FUNT' I DRAMES

BIBLIOTEKË DRAMATIKE
NR.3

AGIMI I LUMNUESHËM

DRAMË HISTORIKE
PESË AKTESH

Nga
HAKI STËRMILLI

Tiranë 1924

Ky libër i dedikohet dëshmorëve të dibrës

PARATHANJE

Kënduësve!

Me nji anë për me i shërbye historis e letërsis s'onë, dhe me anë tjetër për me përmbushë pjesërisht detyrën e naltë qi më ngarkon Atdheu, u përpoqa me nxjerë në dritë edhe këtë dramë të titullume "Agimi i lumnuëshëm", e cila me gjith qi munt të ket te meta në pikpamjen dramatike, kam shpresë se do të pëlqehet tue u marë para sysh qëllimi, i cili më shtyni me u rrekë nji kohë të gjatë për nji vepër të tillë.

Shtojmë edhe se drama e jonë, asht e bazuëme në ngjarjet e vërteta qi kan ngja në kohën e fundit, më 1921 e nuk përmban nji fantazi të thatë vetëm për me kënaqë kënduësit me nji histori qi nuk i përgjigjet së vërtetës.

Me nderime:

Autori

(Ata Zotnij qi dëshirojnë të kenë nji kuptim të plotë mbi lëvizjet kombëtare të Dibrës, duhet të këndojnë edhe dramat (Dibranëja e mjeruëme, Nr. 1, Dashuni e Besnikëri, Nr. 2) të cilat janë të dokumentuëme me datat e vërteta të ngjarjeve.)

Autori

PERSONALI I DRAMËS

1. Dem Bujari, 40 vjeç, nga Peshkopia e Dibrës, Kryetar i nji trume
2. Suf Bujari, 24 vjeç, nga Peshkopia e Dibrës, i biri i Dem Bujarit dhe dashnori i Lushes.
3. Lam Druni, 46 vjeç, nga katundi Sinë e Dibrës.
4. Dik Druni, 25 vjeç, i biri i Lam Drunit.
5. Fetë Druni, 23 vjeç, i biri i Lam Drunit.
6. Lusha Druni, 18 vjeç, e bija e Lam Drunit.
7. Hoxhë Fazliu, 42 vjeç, nga Peshkopija.
8. Man Pjeshka, 30 vjeç, nga Peshkopija.
9. Dan Boka, 32 vjeç, nga Peshkopija.
10. Mudë Balli, 33 vjeç, nga Peshkopija.
11. Cen Pllumbi, 29 vjeç, nga Qidhna e Dibrës.
12. Lilë Barku, 27 vjeç, nga Kishaveci i Dibrës.
13. Sal Gushti, 28 vjeç, nga Kastrioti i Dibrës.
14. Rem Këpurdha, 35 vjeç, nga Kastrioti i Dibrës.
15. Seit Fera, 33 vjeç, nga Kastrioti i Dibrës.
16. Daut Luga, 30 vjeç, nga Kastrioti i Dibrës.
17. Dull Fusha, 28 vjeç, nga Peshkopija.
18. Nji malsuer.
19. Nji shumicë popull.

(Skena zhvillohet në Dibër, më 1921.)

PAMJA E PARË

(Skena difton nji pyll të dendun në malet e nalta për mbi katundet: Sina e Epër dhe Sina e Poshtme, të Dibrës së Vogël. Janë shtri e flejnë rreth nji zjarmit gadi të fikun dhjet vetë. Dikush ka vue kryët mbi nji gur e dikush mbi nji trung, të gjith flejnë vesh e ngjeshë. Disa, pushkët i kan për anë e disa nën krye. Në zjarm kan mbet disa hunë dhe nji tym i lehtë ngjitet përpjetë. Hana rezet e veta i lëshon në pyll. Nji rojtar rij në nji kant dhe vëren rreth e qark)

PËRFLIM' I PARË

Dem Bujari, Lam Druni, Dik Druni, Fet Druni, Hoxhë Fazliu, Man Pjeshka, Dan Boka, Mudë Balli dhe Cen Pëllumbi flejnë, rojtar Lile Barku ruën, ma vonë Sal Gushti, të gjithë jan veshë me kostum Dibre.)

(Ndigjohet nji zhurmë kambësh e kërcëllim i degëve)

LILË BARKU
(Tue verejt me kujdes) Hej! kush je more? *(I kthen sigguritën pushkës).*

(Nji za prej së jashtmi) Mik jam, or mik!

LILË BARKU
Mos luej, po fol cili je bre?

I HUËJI
Jam nji i Kastriotas.

LILË BARKU
Si të quëjn mor krahë thatë, se të vrava (E drejton pushkën për drejt kah vje zani).

I HUËJI
Mos bre se jemi miq, jam Sal Gushti nga Kastrioti.

LILË BARKU
(Tue e njoftë) Heu! A ti je bre Sal?!

SAL GUSHTI
(Tue vazhduë n'udhtim) Po besa un jam.

LILË BARKU
Po ç' do more në këtë kohë ktu?

SAL GUSHTI
Më suëll nevoja or mik!

(Afrohet Sala dhe i napin dorën njeni tjetrit ngjatjetohen).

SAL GUSHTI
A asht këtu Dem Bujari?

LILË BARKU
Po, këtu asht. Pse, ç' e do?

SAL GUSHTI
Kam nji Ietër prej të birit.

LILË BARKU
He! E si janë?

SAL GUSHTI
Mirë.

LILË BARKU
A t'a çojmë prej gjumit? Se po flen.

SAL GUSHTI
Po besa, se unë sonte natën duë me u kthyë prap.

LILË BARKU
Mirë pra. *(I afrohet Dem Bujarit dhe tue prek me dorë ngadalë)* Aga! Aga! Çoju, çoju!

DEM BUJARI
(Zgjohet trishtuëshëm dhe tue u ngrit në kambë rrok pushkën e bërtet) Heu bre! ç'ashtë more?

TË GJITHË
(Zgjohen prej gjumit dhe tue rrokë armët bërtasin) Ç'ashtë more? Ç'ashtë?

LILË BARKU
(Dem Bujarit)

S' asht gja aga, jo, po Sal Gushti nga Kastrioti të ka pru nji letër prej djalit.

DEM BUJARI
(I qetësuëm) A! Kujtova se na ranë Sërbët bre!

LILË BARKU

Jo, aga jo!

DEM BUJARI

Po ku asht letra?

SAL GUSHTI
(Tue i a dhanë letrën) Tungjatjeta aga.

DEM BUJARL
(Tue i dhanë dorën) o tungjatjeta e mirë se vjen or Sal, pa rij nji herë.

(Të gjith uien e rin, dikush mshin syt e dikush kruhet)

DEM BUJARL
(Tue hap Ietrën) E ç' kimi andej or Sal?

SAL GUSHTI

S' kimi gja aga.

DEM BUJARL
(Hoxhë Fazliut tue i a dhanë letrën)

Të lutem or Hoxhë, këndoje!

HOXHE FAZLIU
Po. *(Ngrihet dhe afrohet ke zjarmi, fillon me e këndué letrën pa za).*

DEM BUJARL
(Mbas pak) Këndoje me za or Hoxhë se të gjith këta janë shokët t'onë.

HOXHË FAZLIU
Mirë fort. *(E këndon letrën kështu):*

"Ati im i dashun.

Sot tri ditë kam ardhë nga Peshkopia këtu në Kastriot, në shtëpi të mikut t'onë Sal Gushtit. Katër ditë para, natën e Shtunë, Sërbët na e rrethuën shtëpin dhe kërkuën qi të më zishin muë. Unë me të shpejtë u aratisa dhe erdha u mshefa këtu. Mbasi ika unë, Sërbët e kishin qit jashtë fëmin dhe e kishin djegë shtëpin me gjith ç' kishte mbrenda".

(Dem Bujari mëshan dhe të tjerët habitshëm shofin njeni tjetrin dhe thonë "heu" (Hoxha vazhdon)

"Nesrit në mëngjes fëmijt i kishin nisë për në qjtet të Dibrës së Madhe".

DEM BUJAR!
(I mbërzitun) Na paska mbluë e zeza bre shokë?

(HOXHA VAZHDON)
"Sot më thanë se dashkan me i çuë në Beligrad".

DEM BUJARI
(I dëshpëruëm) Mos duroftë Zoti.

(HOXHA VAZHDON)
"Unë qi atë ditë qi ika, desha të vij atje, por u ndalova për me e marë vesht punën e fëmis e me u munduë me anë të miqve që të ndalohen makar në qytet të Dibrës e të mos i çojnë në Beligrad, për kët gja u kam shkruë disa miqve në qytet. Sa të mar no nji përgjigje të mirë, do të nisem natën e do të kapërcej Drinin për me ardhë atje.

Sërbët këndej, sa mundin po djegin shtëpia, po vrasin e po presin njerës të pa fajshëm. Me forcë të bajonetës po e marin popullin dhe po e çojn në ball të luftës kontër jush. Mbërzia e popullit ka kapërcye shkallën e durimit. Me zemër të plasurt presin qi të vijë dhe në këto vise ushtëria Shqiptare. Pres përgjigje se a të vij a po jo?

Ju puth duërët me mall shumë.

Yt-bir:

SUF BUJARI

Kastriot, më 31-7-921."

HOXHE FAZLIU
(E mbaron letrën dhe) Rrofsh vetë për shtëpin or aga!

DEM BUJARI
N'a rrofshin miqtë.

LAM DRUNI
Mos të vjen keq aga se për së shpejti do të paguemi me Sërbët. Sa të na lirohen këta vise do t'a ndreqim shtëpin dhe do t'i martojm Sufën e Lushen, pa këto harohen.

HOXHË FAZLIU
(Salës)

Kuër ke dalë prej Kastriotit or Salë? Kjo paska datën e djeshëme.

SAL GUSHTI
Po dje kam dalë or Hoxhë.

MUDË BALLI
(Sal Qushtit)

Po si kapërceve këndej or Sal? A s'pate frigë prej Sërbëve?

SAL GUSHTI
Besa shum keq kam hjekë or Mudë, se u përpoqa ball për bail me Sërbët e gadi kjenë tue më vra.

MAN PJESHKA
Po si takove me ata dreqën?

SAL GUSHTI
Në breg të Drinit tue kapërcyë telat qi kan vuë rreth bregut, po falemi nderës Zotit shpëtova.

DEM BUJARI
(Hoxhës)

A ke letër or Hoxhë?

HOXHË FAZLIU
Jo besa or aga.

DEM BUJARL
(Salës)

Atherë ti or Salë shko e thuëj Sufës qi të vije këtu e mos të ban merak për shtëpi qi na kan djegë Sërbët, se Sërbët na kan ba dame shum ma të mbëdhaja ne, e s'kemi të paguë me ta. Sa për fëmijt çoni fjalë Hafiz Sherif Langos në Dibër të Madhe qi të përpiqet me i shpëtuë. Besoj se ai, si Shqiptar i vjetër e miku i ngushtë i imi qi asht, nuk ka për t'u kursyë për këtë punë. Sufës thuëj edhe të ket kejdes mos të ndeshet me Sërbët kuër të vije.

SAL GUSHTI

Fort mirë aga, unë të gjith këta i a thom Sufës. Më fal pra se unë duë me kthyë.

DEM BUJARL

(Tuë i dhanë dorën) Udh' e mbarë or Sal.

LAM DRUNI

(I nep dorën dhe) M'i puth syt dhandrit t'em Sufës e thuëj të mos tutet se asht i biri i Dem Bujarit.

SAL GUSHTI

Fort mirë.

(Të gjith ngrihen në kambë dhe përshëndeten me Salën tue i thanë "udh' e mbarë").

PËRFLLIM I DYTË

Të parët.

DEM BUJARI
(të gjithëve)

A e shifni or shoke se ç'po na bajnë Sërbët?

LAM DRUNI

Po besa, jemi tue i pam aga.

DEM BUJARL

Me e kërkuë të drejtën, Sërbët nuk po bajnë gja me kaqi, mbas si ata masakrat i kanë për zanaf sa nuk dije kush me i shëmbëlluë.

LAM DRUNI
Nuk kujtoj të ket no nji komp në két Botë qi të jet kaq i pa shpirt e gjak derdhës.

DEM BUJARI
Jo, Sërbët nuk kan shok në Botë për me ba kësisoj, të zezash për mbi ata qi janë të pa fuqishëm. Qeveria Sërbe asht ajo qi nuk e njef Shqipnin qi dikuër ka pas qenë nji mbretni shum ma e vjetër se ajo. Në Sërbi nuk e njef i vogli të madhin dhe si e cili punon si t'i doje shpirti i tij i lik.

HOXHË FAZLIU
(Dem Bujarit)

Zoti asht i math bre aga, mbaje ment se ata qi prishin e renojnë, dikuër kan me u prish e me u faruë me doemos. Të zash besë se këta Sërbët e sotshëm qi po na bijen në qafë ne, neser kan për t'u captuë e faruë si ma zi dhe ma keq se në kohen e luftës botnore.

DEM BUJARI
Dhantë Zoti ashtu të bahet or Hoxhë, por ne para se t'a lamë punën t'onë ke Zoti, duhet t'a ndjekim e t'a gjurmojmë vetë, se dhe Zoti ashtu na porosit. A s'asht kështu?

HOXHË FAZLIU
Po, ashtu asht aga.

DEM BUJARI
Hoxhë si thashë ma parë, muë nuk më vjen keq aq tepër prej Sërbëve, pse shpirti i tyne asht krijuë për me damtuë njerëzin si mikropët e rrezikshëm, por ma fort më vjen keq prej disa Shqiptarve qi nuk po përpiqen pak për këtë vendin t'onë të shkretë qi u ba lamë lufte prej kaq vjet e këndej.

HOXHË FAZLIU
Aga! E dij Z. e jote qi disa Hoxhallarë në kohë të Turqis e quejshin vetëhen htihatçi dhe në çdo rast bajshin propagandë konter për me mos u kënduë

gjuha e jonë, Shqipja, për shkak se interesën u'a kishin siguruë Turqit. Prandaj edhe Shqiptarët qi nuk i apin kujdesin çashtjes sonë e shkaktojnë grindje tue nxjerë partia, ndoshta jan por si ata të lidhun me interesa.

DEM BUJARI

E mar vesht shum mire ç'do me thanë or Hoxhë, por muë nuk më pëlqen t'a besoj se në Shqipni kemi asi njerzish qi punojnë me asi qellime, se e dinë fort mirë se i shkojn mbas Esat Pashës. E dinë fort mirë se Shqiptari, për të drejtat e veta kombëtare, jo në Shqipni, por edhe në mes të Parizit, të lëshon vdek për dhe.

HOXHË FAZLIU

Ri aga, ri; se Hoxha i dije punët ma mirë se Z. e jote, po më kallzo se pse qeveria e jonë nuk i lutet Europës qi të na e shporë Sërbin piej këndej mbas si kjo tokë asht Shqiptare dhe me vendimin e saj i asht lanë Shqipnis.

DEM BUJARL

Po i lutet or Hoxhë, po besa duket se nuk i ndigjohen lutjet mbas si Shqipnia asht e ngratë pa miq e pa dashamirë.

HOXHË FAZLIU

Po ne, na i plasën veshët Europianët tue na thanë se mundoheshin dhe luftojshin ma tepër për të drejtat e popujvet të vegjël se sa për të tyne, e tash a u haruën gjith ato premtime, a po edhe ata rrejnë?

LAM DRUNL
(Hoxhës)

(Tue raftë pushkën) E drejta, or Hoxhë, asht në grykë të kësaj pushke, po të jesh i zoti me e luëjt gishtin e fiton gjyqin.

DEM BUJARI

Po besa ashtu asht. Po të jesh i fuqishëm, je edhe i mençëm e i lavdërueshëm dhe për ç'do punë ke të drejtë, për ndryshe s'çan kryët njeri për ty.

CEN PËLLUMBI
Do me thanë se e drejta qenka fjalë.

HOXHË FAZLIU
Po të mos ishte e drejta vetëm nji fjalë e thatë, nuk kishte për të mbet qyteti i Dibrës së Madhe e gjith ajo Kosovë nën Serbi dhe Çamëria nën Greqi tue qenë qi këro vise jan thjesht Shqiptare.

DEM BUJARI
Për se lodheni kot e kot or shokë? Po të kishte pasë me të vërtet nji të drejtë diplomacia Europiane, kurrë nuk kishte me e vuë nji kufi si ky qi na kan shenjuë sot në mes të fushës dhe tuë i a lanë gjith majat e malet e forta Sërbis. Ndon se jemi Malësorë, por kemi pam edhe ne, se kufini i nji mbretnie me nji tjetër vihet në për majat e malet e forta e jo në fushë të Perëndis si kuër se e kan vuë rreth qytetit të Dibrës së Madhe, ku nuk ka makar nji kodë; ase nji lum të vogël?!..

HOXHË FAZLIU
Duhet pra të punojmë vetë e të mos hapim gojën me prit nga të huejt, se ata qi jetojnë me kësi shpresash, quhen të vdekun e jo të gjallë.

DEM BUJARI
Të lumtë Hoxhë, ke shum të drejtë se në qoftë qi Shqipnia ka me pas shpresë prej të tjerve e nuk mbështetet në fuqin e kombit të vet makar të vogë, ka me qenë në rrezik. Prandaj duhet qi ju Hoxhallarët të bani propogandë në popull e me i a shtuë dashunin e Atdheut dhe mënin kontër anmikut tue i diftuë rugën qi duhet të ndjeki për me qenë gjithmon i gjall e zot në vent të vet.

DIK DRUNI
(Tue vrejt në të majtë, ngrihet në kambë dhe) "Heu! Ç'janë ato drita or shokë?!

(Të gjithë ngrihen në kambë dhe shofin andej me habi)

DEM BUJARI
(Rojtar Lilë Barkut)

Or Lilë! Pyeti shokët qi janë në këtë majën e afërme se ç'janë këto drita.

LILË BARKU

Po. *(Me za të naltë thëret)* Or Destan-o! Or Deslan-o!

(Nji za prej së largut) Hehej more!

LILË BARKU

Ç'jan ato drita more?

DESTANI
(nga raaja tjetër)

Po vjen major Prënk Jaku me bataljonin e vet more.

(Të gjithë me enthudhjazme dhe me nji herë brohorisin) Rroftë Major Prenk Jaku!

LILË BARKU

Or Destan!

DESTANI

Heuu!

LILË BARKU

A ka topa ore?

DESTANI

Po, or po. Me topat ka ardhë aspirant Gani Dida.

LILE BARKU

Ku i paskan gjetë gjith ata kandila ore?

DESTANI

S'jan kandila, por jan pisha or budallë!

(Të gjithë qeshin)

(Ndigjohet kanga qi këndon ushtëria "Zani i Atdheut po na thëret etje", këta brohorisin me gëzim të math "Rroft ushtëria Shqiptare" dhe në shenj gazi qisin pushkë).

DEM BUJARI
Mos i diqni fishekët more, se na lipsen me i djegë në luftë.

(Vijnë e rrinë)

DEM BUJARI
I lumtë Major Prenk Jakut, si rrëfe shpejtoj dhe na e mrrini në ndihmë.

DAN BOKA
Paska ndezë pisha për me e ndriçuë rugën!

HOXHË FAZLIU
Po pa dritë, nuk kapërcehen natën këto gryka të vështira, sidomos me ushtëri.

DAN BOKA
Ke të drejtë.

HOXHË FAZLIU
Tash qi na erth Prenga, mjatt u forcuëm.

DEM BUJAKI
Mjaft. Besa. Prenga asht i zoti e s'na len në baltë.

LAM DRUNI
Jo, Prenga shokët i ka të rallë, veç kësaj ka edhe fat në luftë.

DEM BUJARI
(Mbas pak)

Po edhe ne, pushkë të fortë i kimi dhanë sot Halit Lleshit e Taf Kaziut.

HOXHË FAZLIU
O, i dërmuëm mirë, nj'ashtu si desha unë.

LAM DRUNI
Por fuqi të madhe kishin pasë.

DEM BUJARL
Dy mij vetë. Të kishte shkuë ajo fuqi në Mirditë, do të sharonte qeveria se fuqia e Marka Gjonit po të bashkohesh me këtë do të bahesh nji forcë e madhe dhe do t'ishte punë e vështirë me i përçam e me i thyë.

HOXHË FAZLIU

Këtë fitim qeveria duhet të na e njofi ne, se të mos kishim qenë ne, dhe të mos kishim lidhë besë me Reç, Dardhë e me Lurë, fuqia e tyne pa kurrë farë pengimit do të kalonte dhe do të shkonte në Mirditë kështu qi Sërbët do e zbatojshin krejtësisht planin e tyne për shkëputjen e këtyne viseve nga Shqipnia. E pamë të gjithë se sa mirë e kish armatosë Sërbia gjith atë fuqi. A s'kishin topa, mitraljoza, xhepehane, bukë e gjith ç'ka u duhesh. Nuk i vuët menden se sa ushtarë Sërb kishte në mes të tyne të veshun si ne, të cilët kuër vriteshin bërtitshin idhshëm "Lele majko".

DEM BUJARI

Gjith këtë fitim e siguruëm me besën qi bamë, se për ndryshe do të ishim të thyëm e të coptuëm.

(Të gjithë me za të naltë)

Rroft besa Shqiptare!

LAM DRUNI

Un i pashë me sy qi po u vinte në ndihmë gjithnji fuqi e rregulluëme prej të Sërbis.

DEM BUJARI

Qafa e Këlqeres, ku luftuëm sot, me të vërtet asht shum vent i fortë, të kishim qenë në no nji vent tjetër, edhe ne do të vriteshim ma fort dhe nuk do mundeshim me i thyë me dam të math.

FET DRUNI

(Tue ngrit kryet përpjetë) O, po zbardh drita, or babë!

LAM DRUNI

(Tue veshtrue Qiellin) Po besa, po zbarth.

(Te gjith shofin)

(Ndigjohen ca krisma pushkësh prej së largut)

FET DRUNI

(Tue vuë veshin) Heshtni, heshtni, se më ngjan po bijen pushkë!

(Të gjith ndigjojnë, ma afër zbrazen do pushkë tjera).

DIK DRUNI
(Tue u ngrit në kambë) Krisi besa.

(Prap ndigjohen pushkë, të gjith hovin në kambë me armë në dorë)

DEM BUJARI
(Me nji cilësi komandanti) Më të or shokë! Me të shpejt dilni e zini pritat!

HOXHË FAZLIU
(Tue i lidhë kandet e xhybes) Destur! Zoti na ndihmoftë.

(Lufta ndizet mirë, dhe këta tue bërtit "a besa, besë" dalin të gjithë).

MBYLLET NAPA

PAMJA E DYTË

Sqena difton nji odë katundare në shtitpi të Lam Drunit, në katundin Sina e Epër të Dibrës së voqël. Nja dy postiqe jan me nji kënt t'odës dhe moble gadi s'ka as pak. Nji bishtuër i vogël (dorës) qi asht në votër nep nji dritë të mekët. Në mes të t'odës asht

shtruë nji shtrat (jatak) jo aq i mirë dhe ka ranë e flen Lushja.

(Koha ka kaluë mes natën).

PËRFLIM' I PARË
Lushja mandej Suf Bujari

(Ndigjohet nji za qi thrret emnin e vëllaut të Lushes, Fetën dhe trokulim porta)

PREJ SË JASHTMI

Or Fet! Or Fëtë!

(Lushja flen, qetësia vazhdon)

PRAP PREJ SË JASHTMI

Or Fetë! Or Fetë!

(Trokullin porta ma fort dhe lefin qentë)

(Me nji herë zgjohet Lushja dhe e tristuëme hof në kambë tuë thëritë) Hoj-jah! *(Kërruset dhe mer rovelin qi kish pas vue nën nënkresë (jastëk) dhe afrohet ke frengia me pam)*

PREJ SË JASHTMI:

Çile or Fetë ma!

LUSHJA

(Me vetëhe dhe e shtangme) Po në qofshin Sërbët?! *(Mbas pak mendimit e kurajuëme)* Joh, kunë nuk i la me hy mbrenda pa me më vra. *(Afrohet ke frengia dhe me nji za të drithshëm)* Kush ashtë? S'ka njeri këtu!

I JASHTMI

Jam Suf Bujari.

(Lushja me të ndigjuë emnin e zanin e Suf Bujarit qi ish i shoq i saj me kunorë, por ene të pa martuëm u topit, u habit dhe tue shtrënguë të dy duërt tha me vetëhe) Oh, Sufa!.. Po këjo?!... E tash ç›me ba ?!. Dreq-o. ke u turpënova!... *(Mbas pak mendimit)* Do t'i a çel besa, se nuk lihet miku jashtë. *(Shpejton dhe hap nji dritare të vogël qi asht mbi portë, dhe tue vërejt me kujdes, pyët)* Kush je?.

I JASHTMI

Çile, se un jam Suf Bujari.

LUSHJA

Poh, prit!!

(Tue qënë se Lushja ishte e çvesnme dhe skishte tjetër veç se nji këmishë të bardhë e të gjatë,

shpejtoj dhe veshi dollaman e zezë me gajtana të kuqe ashtu lidhi edhe kryët me nji napë të bardhë, muër bishtorin dhe zbriti poshtë me hapë portën)

(Për dy, tre minuta sqena errësohet.)

(Hyn Lushja në sqenë me bishtojin në dorë, dhe mbas saj Sufa. Lushja e len bishtorin mbi votër dhe me të shpejt shtron nji postiqe me nji anë të votrës) (Sufa asht veshë me kostum Dibre)

LUSHIA
(Sufës)

(Me krye të ulun dhe e turperuëme i difton vent) Urdhëno!

SUF BUJARI
(Tue u ulë, i turbulluëshëm) Të falem nderit. (Mbas si ulet) Ku janë këta moj Lushe?

LUSHJA
(Në kambë dhe me sy përposhtë) Baba me Dikun e me Fetën kan shkuë në luftë, në këta malet e nalta *(Tue ba shenj me dorë)*, ime njerkë ka shkuë ke Daj Mehmeti, se i u vra djali në luftë qi u ba në qafë të Këlqeres.

SUF BUJARI
Do me thanë, paske mbetun ti vetëm.

LUSHJA
(E kuquruëme kërrus kryët dhe) Joh, jan edhe barijt jashtë në kasollet.

SUF BUJARI
(Tue nënqeshë) Ulu pra mos ri në kambë!

LUSHJA
(Ulet në nji kant të jatakut dhe tue mbledhë vetëhen e pyët) Po pse kaq vonë paske ardhë Z. e jote?!

SUF BUJARI
Ditën s'munt të vijsha se drojsha mos të ndeshi në Sërbët, prandaj dola në mbrame prej Kastrioti e

erdha shtek më shtek.

LUSHJA
A në Kastriot ishe mbramë?

SUF BUJARI
Po. Por ka ditë qi gjindem në Kastriot.

LUSHJA
E pse?

SUF BUJARI
Për shka se ika prej Sërbëve se deshën me më zanë.

LUSHJA
(Me habi) Ty?!...

SUF BUJARL
Po. Fëmijt na i zunë dhe shtëpin na e dogjën.

LUSHJA
(E pikëlluëme ref duërt) Hofshofo!... Po fëmijt ku i çuën?

SUF BUJARI
Në shehër të Dibrës së Madhe.

LUSHJA
(E helmuëme) Prattoj!... të ngratat!..

SUF BUJARI
(Mbas pak) Më fal Lushe se të prisha gjumin

LUSHJA
(E kuquruëme) Joh.

SUF BUJARI
Jo besa më dukët se të bezdisa, t'a dijsha se je vetëm, nuk kisha me ardhë.

LUSHJA
(Kërrys kryët) E pse?

SUF BUJARL
Pse po shof se u mbërzite prej meje.

LUSHJA
(E turpnuëme) Unë kurrë nuk mbërzitem prej

teje.

SUF BUJARL
At here pse ri kaq e ftoftët?

LUSHJA
Unë e ftofët?! Jo kurrë. Ndoshta Z. e jote je mbërzitë prej meje.

SUF BUJARI
(Me buzë në gaz). Zemra ime për ty ndin nji dashuni të thellë moj Lushe.

LUSHJA
(E turbulluëme). Edhe e imja ashtu.

SUF BUJARI
(I kënaqun). E besoj moj e dashuna ime, e besoj. Un jam sigur prej dashunis s'ate.

LUSHJA
(E thumbuëme në shpirt) Ashtu duhet ta dijsh se... (pret fjalën nga turpja dhe kërrys kryët).

(Disa çaste në qeti)

SUF BUJAKI
A e dijsh se në ç'vent asht im-at e yt-at, Lushe?

LUSHJA
Joh, vetëm dij se janë në luftë. E pse?

SUF BUJARI
Do të shkoi edhe unë atje.

LUSHJA
A tash?!

SUF BUJAKI
Jo, por sa të fillon me aguë.

LUSHJA
Fort mirë.

SUF BUJARI
(Ndez nji cigare dhe mandej) Po ti Lushe a je friksuë ndo pak prej luftave qi janë ba në këto ditë?

LUSHJA

Joh, e pse me u tutë?

SUF BUJARI
Po ndoshta je trembë mbas si lufta bahet këtu afër.

LUSHJA
Jo se edhe unë kam gjak Shqiptari.

SUF BUJARI
(I gëzuëm prej përgjigjes së saj) E dij qi edhe ju femnat jeni trimnesha, por jo sa burrat.

LUSHJA
Jo besa edhe grat kuër e ka dasht nevoja e kanë diftuë vetëhen.

SUF BUJARI
Nuk dij un no nji gruë qi të ket diftuë trimëni.

LUSHIA
Si?! Nuk e dij Z. e jote qi shum herë grat kan marë gjakun e burravet të tyne dhe kan luftuë me armik?!.. Nuk i dij viset tjera por këtu në Dibër sa gra ka qi janë të përmendme për trimëni.

SUF BUJARI
(Tue nënqeshë) Po, po, e dij; por ju nuk jeni nga ato gra qi të merni para sysh vdekjen.

LUSHJA
Të lutem mos thuëj ashtu, se edhe ne jemi të bijat e atyne nanave qi kan dijt me luftuë me anmik.

SUF BUJARI
(Tue vërejt me dashuni) At here pse rini ju e nuk shkoni në luftë kontër anmikut?

LUSHJA
(Me nji herë) Gati jam, po deshe qi tash. Hë!..

SUF BUJARL
(Tue nënqeshë) Jo, Lushe jo; ti ri këtu se luftojm ne burrat në vent të juëj.

LUSHJA
Jo besa me gjith shpirt dëshiroj qi të vij edhe unë

në luftë.

SUF BUJARI
Mos e dhantë Zoti Lushe, pra në e dashtë nevoja edhe ju kini me luftuë me anmik; por sot për sot nuk duhet qi të futeni ju në rrezik.

LUSHJA
Pse jo sot? Kuër se im-at dhe vëllaznit e mij e gjith Dibranët jan tue luftuë, un ç'do të pres ma?!.

SUF BUJARI
(Tue dashtë qi' t'a bindi) Jo Lushe, ju duhet të rini nër shtepia e ne burrat të luftojm, të luftojm der kuër t'i shporim nga viset t'ona këta Sërbët e egër. Duhet të luftojm dhe në e dashtë nevoja të vritemi, të digjemi dhe të shuhemi fare me gjith ç'kimi, vetëm për me shpëtuë nga Sërbët, se Sërbët jans ata qi na vrasin, na djegin për ditë pa no nji shkak. (Me gjak të nxetë) Sërbët janë ata qi na prekin në nderin e gruës dhe në sedren e burrit.

LUSHJA
(Me pa dijeni) Për se nuk ikin këta të egër, kuër se ne nuk i duëm?!

SUF BUJARI
(Tue nënqeshë) Nuk ikin se u pëlqen me na urdhënuë ne, dhe me na e rrjep edhe lëkurën.

LUSHJA
(Me mëni) Sa të poshtëm!?...

SUF BUJARI
(Me serjozitet) Lushe! Atdheu asht por si nji shtëpi qi përmbleth mbrenda nji familje të përbame prej shum vëllaznish qi rrojn e jetojnë së bashku si mbas rregullit e zakonit të tynë. Tue qenë pra Atdheu kështu, a durohet qi nji i huëj të kërkoje me forcë të shkëpusi prej kësaj nji pjesë? Dibra tue qenë nji pjesë e tokës Shqiptare dhe e banuëme prej Shqiptarësh, ç'far të drejte kanë Sërbët qi duën me na e rrëmbyë? Ç'far të drejte kanë Sërtbët në ket vent kuër se ne jerni fjesht Shqiptarë dhe

flasim Shqip e jo Sërbisht?! .

LUSHJA
Po ne, nuk dijm bësa me fol ndryshe veç Shqip!.

SUF BUJARI
(Me buzë në Gaz) Veç asaj qi ne nuk dijm me fot Sërbisht, por ne, si thashë edhe ma parë, kemi nji jetë tjetër, zakone tjera dhe tjetër besë e burrëni. Prandaj pra Lushe, ne nuk munt t'i durojm ata mbi qafë t'onë të na shtypin e të na pushtojnë si të liqt e Botës. Prandaj duhet të luftojm me Sërbët deri kuër t'i shporim prej vendit t'onë, deri kuër të qetësohemi tue pam edhe në këto viset t'ona nji qeveri kombëtare Shqiptare e jo njj të huëj si kjo e Sërbis barbare qi nuk len dhunë e punë të ligë pa ba mbi kët popull të ngratë.

LUSHJA
(E pezmatuëme) Ke arësyë.

SUF BUJARI
(Tue mos munde të mbaje vetëhën) Lushe! Deri më sot pesë a gjashtë herë kemi luftuë me këta Sërbët e poshtëm, por për fat të keq ene nuk mundëm t'u napim të kuptojnë se ne nuk i durojm në vent t'onë, mjerisht ene nuk e kanë kuptuë se Dibranët janë Shqip'arë dhe nuk durojn zgjedhen e nji të huëjit. Prandaj do të luftojm der kuër të na shporen, do të provohemi si shum herë në fushën e burrënis ku zotnon mortja, do të njifemi edhe two herë ase der kuër të dermohen mirë ata. Me pushkë në dor do t'u kallzojm se ne jemi stërnipat e Kastriotit, ata qi nuk lanë me u shkelë vendi pa me e lyë me gjak, ata qi... (Pret fjalën se jashtë ndigjohen pushkë, potere, zhurme dhe zana e fjalë në gjuhën Sërbe. Me nji herë hof në kamhë dhe rrok mauzerin). Po kjo?!

LUSHJA
(E zbeme mer në dorë rovelen dhe) Të lutem mos u ngut Sufë, se më gjan Sërbët janë.

SUF BUJARI
(Tue vuë vesh) Po besa Sërbët qenkan. Duket se janë ndeshë me shokët e mij e do të jenë vram.

LUSHJA
(E pezmatuëme) Ku i ke shokët?

SUF BUJARL
I kam shpërnda në për katunt.

LUSHJA
(Tue raftë duërt) Hofshoto!...

SUF BUJARI
(Tue u nis me dalë) Ik ti Lushe e mshefu në pyll.

(Prap ndigjohen pushkë dhe zana "Besa besë")

LUSHJA
Unë me u mshef në pyll?! Jo kurrë, do të vij me ty. *(Ban me u nis.)*

SUF BUJARI
(Tue shtyë Lushen del) Ik Lushe se nuk pret koha ma.

LUSHJA
(Tue ndjekë Sufën) Joh, pa ty nuk shkoj kërkunt, edhe unë me ty, edhe unë në luftë, në rrezik.. *(Del edhe Lushja, prap ndigjohen pushkë).*

MBYLLET NAPA

PAMJA E TRETË

(Sqena difton nji shpellë në Lanë të Lurës. Mbrenda asht ndez nji Zjarrm i math. Do pushkë e rrypa fishekësh dhe do calikë me bukë janë varë në për kunja. Koha asht afër mëngjëzit).

PËRFLIM I PARË
Lam Druni, Dik Druni, Fet Druni, Mans Pjeshka,

Cen Pëllumbi Mudë Balli, Dan Boka dhe Lile Barku jan shtri për dhë e flejnë me robe të veshme dhe dikush ka mbështet kryët mbi nji gur e dikush mbi nji trung.

(Dem Bujari dhe Hoxhë Fazliu bisedojnë)

DEM BUJARI
(Tue pi duhan) Nuk na erth Sufa or Hoxhë!

HOXHË FAZLIU
Jo besa, por kush e dji se si i ka ardhë puna.

DEM BUJARI
Besa jam ba shum merak or Hoxhë!

HOXHË FAZLIU
Jo bre, se s'ka gja për t›u ba merak.

DEM BUJARI
Më beso Hoxhë, se fort i a kam gajlen; se Sërbët jan ba si të tërbuëm mbas si jemi përgjakë me ta.

SAL GUSHTI
(Tue mbajt vetëhen) Ene nuk i kish mbaruë punët.

DEM BUJARI
(Ma me marak) Ç'farë punë or jahu?! A po mos ka no nji gja?!

SAL GUSHTI
Jo, s'ka kurr gja.

(Të gjith të helmuëm për vrasjen e Sufës, shofin njeni tjetrin).

DEM BUJARI
(Të gjithëve)

Ç'ashtë more kjo? Nuk më pëlqen muë kjo sjellja e juëj, po më diftoni se ç'të keq kam!

(Lushja asht grumbulluë me nji kant dhe qan nga dalë).

HOXHË FAZLIU
(Dem Bujarit)

Pse bani merak aga?! S'ka gja.

DEM BUJARI
Nuk më duken të mira këto pëshpëritje vesh në vesh, po më kallzoni drejt, se si e mira ashtu e keqja jan për ne.

HOXHË FAZLIU
S'asht gja për t'a mshefë aga, Sërbët e paskan djegë shtëpin e Lam Drunit.

DEM BUJARI
(I idhnuëm) Mos bre!... *(Lam Drunit)* Rrofsh vetë or Lam, të rrofshin fëmijt. Mos u helmo or Lam se me Zotin para sa të na lirohet Dibra do t'i ndreqim shtëpiat dhe do të bajm dasmën e Sufës e të Lushes.

LAM DRUNL
T'ungjatjeta aga.

DEM BUJARI
Po për se e kan djegë more Zoti i shoftë?

LAM DRUNI
(I turbulluëm) Kishin qenë... (E pret fjalën)

DEM BUJARI
(Me merak) Fol pra? Si ngjau?

LAM DRUNL
Pse ban merak bre aga?! Ajo qenka djegë e na paska marë të keqen ç'na duhet se si e për se asht djegë?!

DEM BUJARL
(I mbërzitun) Hof sa keq po e bani! Folni bre se jemi burra! Ç'të keq kemi?

HOXHË FAZLIU
(Tue mbledhë vetëhen) Rrofsh vetë për Sufën aga, se ai na paska lanë.

DEM BUJARI
(I pikëlluëm dhe tue i ra kokës me duër) Heja! I

mjeri unë! Më paska vdek djali?!!... *(Ul kryët dhe mshan dispërueshëm).*

(Të giithë i thonë kryët shëndoshë dhe e ngushëllojnë)

HOXHË FAZLIU
Duhet të duroni aga, se të gjithë do të vdesim.

(Pak çaste në heihtje zije)

DEM BUJARI
(Ngren kryët dhe) Po më kallzo or Salë se si më vdiq djali?

SAL GUSHTI
(Me dhimsuni) Po të kalzojm or aga, por mos u ban i ngushtë.

DEM BUJARI
Jo, më dëftoni, se duë me djit se si më ka vdekë i vetmi djal.

SAL GUSHTI
Po të dëftoj pra mbas si dëshiron.

DEM BUJARI
(Ul kryët dhe ndigjon idhshëm) Fol or Sal.

SAL GUSHTI
Sot tri ditë u nisëm nga Kastrioti për me ardhë këtu, por me qenë se duëlëm vonë, u ndaluëm at natë në Sinë. Për me mos i u ba barë miqve, u përndam në katunt dhe Sufën vetëm e çuëm ke i vjehri i vet *(Ep shenjë me dorë për Lam Drunin).* Mbas mes nate, afër mëngjezit na rrethuën Sërbët dhe krisi pushka. Sufa me nji herë kish dalë jashtë dhe ish ndeshë në nji tufë ushtarë Sërb, por për fat të keq nuk i kish ndezë pushka dhe kështu tue përfituë nga muzgu i mëngjezit ishte mshef në nji kosolle aty pranë. Ma vonë mbas si kish zbardh drita e kishin zanë dhe tue mos e njoftë se kush ishte, e marin me vetëhe bashk me të tjerët qi kishin zanë.

DEM BUJARI

(I idhnuëm) Hof, mos duro o Zot! Po mbasendaj ?

SAL GUSHTI

Të tre dhjet vetët qi kishin zanë, bashk me Sufën, i çojn në nji pruë dhe mbas si i lidhin me breza i ven në plump e nesrit i hudhin në Dri trupat e tyne të vdekun.

HOXHË FAZLIU

(I prekun në shpirt) Ke qenkan shuë tre dhjet familje!...

LAM DRUNI
(Sal Gushtit)

Po a ban no nji dam tjetër?

SAL GUSHTI

Me gjith shtëpin e Z. s'uëj dogjën dhe disa tjera e plaçkitën bagëtin qi gjetën.

DEM BUJARI

(Ngren kryët dhe) Thirmani këtu Lushen nji herë.

(E marrin Lushen dhe e bijën para Dem Bujarit)

DEM BUJARI
(Lushes)

Ngrehe kryët e mos qaj moj Lushe! Ngrehe kryët të të shof, se ti do të ishe bija e ime, reja e ime, nusja e djalit t'im!

(Lushja qan me dënes, të gjith helmonen dhe ulin kryët)

DEM BUJARI
(Lushes)

Mos qaj moj bijë, se unë ty nuk të la, prap do të duë edhe ma fort bile!

LUSHJA

(Tue verejt Dem Bujarin me sy të përlotuëm) Joh, aga, joh; unë nuk jam ma për t'u dashtë!

Unë qi s'munda me marë gjakun e Sufës, nuk jam për dashtë por për t'u përbuzë, se unë turpërova shtëpin, fisin dhe gjith Shqipnin tue mos marë gjakun e...

DEM BUJARL

(I mbushun në hidhnim dhe tu e argëtuë me dorë) Rri e qetë ti moj Lushe, se gjakun e tij do t'a këmbejmë me Dibrën, me Dibrën e robënuëme, tue i shpëtue ata të shkretë nga trishtimi i bajonetës së përgjakshme të Serbevet mizorë.

(Hyn mbrenda nji Malësuër)

PËRFLIM I TRETË

Të parët dhe nji Malësuër veshë me kostum Dibre e me Pushkë në krahë.

MALËSORI

Ju ngjatjeta Z. s'uej!

TË GJITHË

T'u ngjatjeia or mik!

MALËSORI

(Nxjer nji letër nga gjini dhe tue i a drejtue Dem Bujarit) Urdhëno Aga!

DEM BUJARL

Kush t'a dha mor bir kët letër?

MALËSORI

Elez Jusufi, aga.

DEM BUJARI
(Hoxhë Fazliut)

(Tue i a hudhë letrën) Këndoje or Hoxhë!

HOXHË FAZLIU

(I afrohet agait dhe fillon me e këndue)

Z. Dem Bujarit.

Sërbët po bajnë pregatitje të mëdhaja për me na

mësyem, dhe kan sjellë fuqina tjera. Mbas lajmeve qi kemi sonte sa të zbardhi drita kanë me na mësyem. Prandaj rini gati dhe ju lutem të qindroni burrënisht për me mos u thye prej anmikut. Gjith shokve i uroj shëndet.

Miku i juej: ELEZ JUSUFI

25-X-92!. Komandant i përgjithshëm i fuqivet vulnetare.

(Hoxha mbas si këndon letrën e palos dhe i a nep Dem Bujarit)

DEM BUJARL
(Hoxhë Fazliut)

Mer e shkruëj Eles Agës nji përgjgje, or Hoxhë, e thuej se për herë jemi gati me luftuë me Sërbët dhe të mos ban merak se pa u vra të gjithë ne, dhe pa shkuë gjaku der në gju, nuk munt të shkeli anmiku as nji pëllambë tokë.

HOXHË FAZLIU
Fare mirë, aga. *(Dhe qit nji letër e fillon me e shkruë, dhe mbas si e shkruën i a nep agait për me e vulosë.)*

DEM BUJARI
(Malësorit)

(Mbas si e palos letrën) Na or bir! mere këtë letër dhe i a ço Elez Agës.

MALËSORI
(E mer letrën dhe) Lamtumirë. *(ik)*

PËRFLIM I KATËRT
Të parët.

LILË BARKU
Breh, ç'paskan qenë këta Sërbët?!

(M'at çast ndigjohen nji rjesht topa, vazhdon bombardimi, kris pushka.)

DEM BUJARL

(Me kuxim) Çojuni shokë, se krisi!

(Të gjithë ngrihen në kambë dhe fillojn me u ngjeshë) (Lushja me të shpejt rrok nji pushkë qi e pa aty varun dhe e ngjeshi, kur kjo po dilte e kapi Dan Boka).

DAN BOKA
(Kuër e pa Lushen e ngjeshme me pushkën e vet qi po e kërkonte prej sa kohë) o Lushe! Të lutem m'ep pushkënl

LUSHJA
Joh, besa nuk jam tue t'a dhanë, po gjej nji tjetër!

DAN BOKA
Po ç'të duhet ty pushka moj Lushe!?

LUSHJA
(Pak e idhnuëme dhe me serjozitet) Më duhet për me luftuë me anmik, për me marrë gjakun e mikut, gjakun e burrit, gjakun e Shqiptarit, me liruë për Dibrën. Por të lutem mos më trazo e shko gjej nji tjetër. *(Tha dhe iku me nji herë).*

DAN BOKA
(Tue vrejtë mbas) Udh' e mbarë moj Shqiptare, udh' e mbarë!

DEM BUJARI
(Të gjithve tue u pri para) Hajde o bura se koha s'pret.

(Pushka gjithnji vazhdon dhe topi gjëmon. Këta nisen tue thirë "A besa besë!"

MBYLLET NAPA

HOXHË FAZLIU
Mos ban merak aga, se s'kanë ku e gjejnë Sërbët Sufën.

DEM BUJARI
Ashtu qoftë.

(Mbas pak pushimit)

HOXHË FAZLIU
Sa keq më ka ardhë aga, për Osmanin e Elmaz Manes qi u vra.

DEM BUJARI
Edhe muë besa më ka ardh keq për at djalë, se kishte qenë me të vërtet mjaft trim.

HOXHË FAZLIU
Besa edhe ne, mjaft kemi vra prej tyne.

DEM BUJARL
A ke marë shënime or Hoxhë? Se këto lufta dikur kan me qenë kujtime historike.

HOXHË FAZLIU
O! Të gjith luftat e punët me randësi i kam shenjuë në këtë radhor, *(Qit nga xhepi nji radhuër të vogël dhe mbas si e hap)* po deshe t'i kallzoj.

DEM BUJARL
Thuëj nji herë të shofim se a i ke shenjuë të gjitha.

HOXHË FAZLIU
(Tue hapë fletët e radhorit) Më 31-V-1921 kemi luftuë në qafë të Këlqeres me fuqin e Halit Lleshit e të Taf Kaziut qi përbahesh prej Dy mij vetësh dhe qi desh të shkoje në ndihmë të Marka Gjonit në Mirditë. Më 10-VIII-921 i kemi mësyë ne, fuqit Sërbe dhe i përzuëm në Arras, në két luftë anmiku ka lanë ma tepër se nji qint vetë të vdekun. Më 10-VIII-921 prap i kemi mësyë ne, fuqit anmike dhe i kemi përzanë prej Arrasit përtej Drinit. Në két luftë u vra shoku t'onë Osmani i Elmas Manes nga Sohodolli.

DEM BUJARL
I shkreti Osman!... Po ma?

HOXHË FAZLIU
Ndigjo. Më 17-IX-921 komandanti Sërb i kufinit i dha nji ultimatum gojas komandës s'onë për me liruë mbrenda nji zet e katër orë katundet

Muhur, Arras, dy Sinat, Mustafaj, Grykën e Nokës, Qidhnën e poshtmë, Dardhën dhe Malet e Lurës; se për ndryshe do të përdorte forcën e vet për me i pushtuë. Nesrit në mengjes heret m'ora tetë, sa mbafoj koha e ultimatomit, Sërbët filluën me bombarduë llogoret t'ona dhe me mësyë me ushtëri të madhe. Neve zumë majat e nalta të Lurës, e të Pliajit për mbi Sinat dhe luftuëm bufrënisht. Më 19-IX-921 krahu t'onë i djathtë dhe i mesmi mbajti llogoret dhe i majti mësyni me trimni të madhe mbi anmik në Soricë të Dardhës ku anmiku u thyë dhe mbas si la pesë mbëdhjet të vram, kapërcej e iku për tej Drinit. Më 20-IX-921 i u sulëm anmikut qi kishte zanë vent në Gurin e Sukës dhe në kodrën e Pllumbit, ku u thyë ushtria Sërbe dhe la tredhjet të vram e dy rop. Nesrit do me thanë më 21-IX-921 prap fuqia e jonë e prime prej Suf Xhelilit e thej anmikun i cili mbas si la dy qint e tre dhjet ushtarë të vdekun, i dërmuëm kapërcej përtej Drinit. S'ka ma.

DEM BUJARI
I falemi Zotit mirë kemi shkuë deri tash, po të shofim mbas këndej.

HOXHË FAZLIU
(Tue përzi fletët e radhorit) Kam shenjuë edhe nji tjetër.

DEM BUJARI
Ç' far?

HOXHË FAZLIU
Shqiponjën qi fluturonte mbi ushtërin t' onë kuër bahesh lufta dhe qi turresh me tërbim e tue bërtit kontër anmikut.

DEM BUJARI
Me të vërtet kjo ka qenë çudi e madhe.

HOXHË FAZLIU
Unë kuër e shifshe Shkabën mbi krye tonë tuë gërthit dhe tue u turrë drejt anmikut me mëni të

madhe desha të vdes e më gjante si kuër se ajo na e figuronte fitimin t'onë.

DEM BUJARI
Po aeroplanat e bombardimet nuk i paske shkruë or Hoxhë!

HOXHË FAZLIU
Jo, nuk i kam shkruë; por ç' me shkruë qi, s'na u ndanë aeropianat tue na bomborduë për gjith ditë dhe me anë tjetër me topat e tokës s'na la as nji herë rehat. Qi më 22-9-921 e deri më sot qi kemi 25-10-921 për gjith ditë po na bombardojnë.

DEM BUJARI
Sot ç' ashtë or Hoxhë?

HOXHË FAZLIU
(Tue hapë kalendarin qi ka në xhep) T' a shef. *(Mbas si e shef)* Sot ashtë e Martë e nesër e Mërkurë.

DEM BUJARI
Ndër gjith këto luftime Hoxhë, ne kemi dalë ngadhnjyësa, dhe kemi fituë me trimëni.

HOXHË FAZLIU
Besa si oficeret ashtu edhe vulnetarët kan luftuë burrënisht.

DEM BUJARI
Ndër të gjithë oficerët zyrtarë më kan pëlqyë tepër Prenk Jaku, Kapiten Ali Rizai, Shetki Shatku, Fiqri Dinja, Munir Tërshana, dhe Gani Dida; të gjith kishin pas qenë me të vërtet trima e fatosa.

HOXHË FAZLIU
Besa e diftuën me prova se kishin qenë të zotët se nuk i u shtëmangën as no nji rrezikut në gjith luftat e rrepta qi u banë.

DEM BUJARI
Hoxhë, a e di se sa fuqi kanë Sërbët?

HOXHË FAZLIU

Jo. A e dish Z. e jote?

DEM BUJARI
Po. Më tha Elez Jusufi se kanë pesë mij e katër qint ushtarë, tre dhjet e nji topa, mitraljoza të mbëdhej e të vegjël pa hesap. Veç këtyne ka pru edhe dy mbëdhjet regjimenta tjerë për ndihmë dhe këta i mban afër Peshkopis.

HOXHË FAZLIU
Bre, bre! Po fuqija e jonë prej sa vetësh përbahet?

DEM BUJARI
Elez aga tha se ne kemi nji mij e katër qint vetë, kemi dy topa, nji mitraljoz të math e tre të vegjël qi u a kemi marë Sërbve.

HOXHË FAZLIU
Heu! Po ne s' qenkemi as sa gjymsa e tyne!?

DEM BUJARL
(Mbas pak)

Hoxhë, a e di ti se Sërbia ka përndam në Shqipni ma se dy miljon Dinarë dhe veç këtyne kanë da me prish edhe tre miljon tjera. Këtë i a kallzoj veië Puniça Rakiçi, inspektor' i kufijve Sërbe, kapiten Ali Rizait kuër u poqën në Reç.

HOXHË FAZLIU
Bre, bre, sa pare e madhe.

DEM BUJARI
Mere me ment or Hoxhë se sa ka prishë vetëm në Mirditë me Marka Gjonin e Zef Nocin qi i ngriti kontër qeveris, mbasëndaj në kë't anë po e shef vetë me sy, së gjith kjo fuqi mbahet me të holla e jo me f]alë.

HOXHË FAZLIU
Po ç'ashtë shkaku or aga qi Sërbia po prish kaq pare e po na sulet me ushtëri?

DEM BUJARI
Hej, Hoxhë! Sërbia kërkon qi t'a ketë në dorë' gjith Ballkanin dhe kështu ta mbaje vetë në dorë

frenin e politikës Ballkane. Për me i a mbrij këtij qellimi ka shti në punë ç'do mjet dhe i a ka filluë herën e parë në Shqipni, pse ne jemi ma të dobët se shtetet tjera. Gjith këto ngatresa ashtu dhe ajo e Mirditës qi po vazhdon, janë frytet e kësaj politike. Me pak fjalë Hoxhë, Sërbia don qi të mbretnojë në buzë t'Adriatikut.

HOXHË FAZLIU
Po Europa, a nuk i dije këto plane, a po nuk don t'i kuptoje qi nuk e pengon Sërbin?

DEM BUJARI
Doemos i dije, por si për herë, edhe tash po përkrahet ai qi asht i fuqishëm. Veç kësaj unë kam frigë se konferenca ka me dhanë no nji vendim të keq për ne, e kështu do të shuhemi të gjithë tue u vra me kta Sërbët e egër.

HOXHË FAZLIU
Në qoftë se Europa ep no nji vendim të keq për ne, e na len prap nën Sërbi, besa do të vritemi e do të grihemi fare, se nuk munt t'a lamë ma Sërbin të zotnoje në tokë t'onë, do të luftojmë der kuër të shpëtojm vendin t'onë ase të shuhemi fare.

DEM BUJARI
Kan me na marë në qafë në qoftë se edhe ket rend nuk na i lirojnë viset t'ona... *(Pret fjalën se hyjnë të tjerë në sqenë).*

PËRFLIM' I DYTE

Të parët dhe Sal Gushti, Rem Këpurdha, Seit Fera, Daut Luga dhe Lushja. Veç Lushes të gjith janë të armatosun. Të gjithë janë veshun 'me kostum Dibre.

SAL GUSHTL
(Dem Bujarit e Hoxhë Fazliut)

Ju ngjatjeta Z. s'uëj!

DEM BUJARI DHE HOXHË FAZLIU
(Me nji here ngren kryët) O mirë se vini!

(Hoxha ngrihet në kambë dhe përshëndetet me ta, Dem Bujari vetëm luën pak në vent dhe u nep dorën nji nga nji.)

DEM BUJARI
(Kuër e pa Lushen u habit dhe) Po ti moj bijë?!

LUSHJA
(E habitme) Kot erdha.

(Prej zhurmës së bisedimeve të gjithë zgjohen nga gjumi dhe përshëndeten me njëni tjetrin)

LAM DRUNI
(Tue mshim syt shef të bijën dhe me habi) Po ti Lushe pse erdhe këtu? *(E rrok në qafë).*

LUSHJA
(Me sy për dhë dhe tue fsha) Ah, babë, më pru rreziku.

(Shpejtojnë të vëllaznit Diku dhe Feta dhe e rrokin për qafe).

LAM DRUNI
(Të gjithve)

Po rini nji herë të marim vesht se ç'asht!

DIK BUJARI
Ç'ke moj Lushe?

LUSHJA
Ç'të kem or vëlla, gjith ato qi i mban robi.

DEM BUJARI
(Së res)

Po na kallzo moj bijë se si ke qenë? Pse ke ardhë këtu? A po ke no nji të keq?

LUSHJA
(Ul kryet dhe me nga dal) Joh!...

(Të gjithë pëshpëriten me njëni tjetrin dhe njoftohen nga vrasja e Suf Bujarit të birit të Dem Bujarit).

DEM BUJARI
(Sal Gushtit)

(Me merak) Po Sufa për se nuk erth or Salë?

PAMJA E KATËRT
(Sqena kallzon po at shpellë në Lanë të Lurës. Koha asht mbas mes dite).

PËRFLIM' I PARË
Dik Druni dhe Lushja

DIK DRUNI
(E kap për krahu Lushen dhe tue hjek përdhunas hyje mbrenda në shpellë ashtu e ul Lushen mbi nji turrë dru tue i thanë:) Rji këtu e mos luëj vendit ma, se m'a plase shpirtin.

LUSHJA
(Ulet e lodhme mbi turrë të druve dhe me mhërzi zemërim) Ç'kini ju?! Për se do të më ndaloni muë?!.

DIK DRUNI
Rij moj motër e mos u huto, se po na turpëron Për jetë.

LUSHJA
(Insiston në mendim të vet) Jo, jo unë do të mar gjakun, se për muë asht turp, e jo për ju.

DIKU
Ç'thuë moj Lushe?! A po je luëjt menç?! Tue qenë ne gjallë nuk të përket ty me marë gjakun e Sufës. A po do me na e nxim faqen për jetë?! ...

LUSHJA

E pse do t'ju nxihet faqja ju, kuër se unë do mar gjakun e mikut e të burrit t'em?!

DIKU

(Tue diftuë pushkën qi ka në dorë) Po armët t'ona a t'i hudhim në tokë? Tue qenë gjallë mashkujt e nji shtëpie, shpagimi i gjakut nuk i përket femnavet, se atë here ne, duhet t'i lamë armët e të quhemi gra. A e kuptove?

LUSHJA

Nuk due qi t'a mërni ju gjakun e Sufës. Due qi t'a mar me dorën t'eme se...

DIKU

(I pret fjalën) A po rij urtë? A po për besë të lidha. *(I nxem)* Rij po të them se po e tepron. *(Mbas pak)* Për pak gja desh të na turpërojsh. Po lë mos kisha shpejtuë unë me të kapë, kishin me të vram Sërbët në atë valë lufte. E atë here ç'na duhesh ma jeta ne?! Si do të thojshin bota? A e di a po jo?

LUSHJA

(Me guxim) Ç'far do të thojshin bota or Dik? *(Mbas nji grime)* Do të thojshin i lumtë se muër gjakun e Sufës dhe vdiq me nder.

DIKU

(Tue u kërcnuë me hidhnim) Hoja!... Ke na luëjti menç motra!.. Ç'thuë mori, ç'thuë?... *(Tue raftë pushkën me dorë)* Po ne burrat atë here me këto pushkë të shkojshim e të hudheshim në Dri, se nuk munt të dukeshim ma, nër bura.

LUSHJA

(E helmuëme) Ti muë më pengove e nuk më lë me marë gjakun e Sufës, por t'a dish se...

DIKU

(I nxem i pret fjalën) Hala po flet? Pusho moj ma!.. Si dashke ti mori? Me të lanë e me luftuë e me u vra prej Sërbëvet?!.. Uh e shkreta ti!...

LUSHJA

(E dispëruëme ul kryët) Mirë, mirë. Më paçi në qafë.

DIKU

Rij e qetë moj motër se për këtë besë unë do t'a mar gjakun e Sufës.

LUSHJA

Faji nuk asht i juëji, por t'emi; mbas si une nuk munda me mbaruë punë me kohë. Tash ju kini të drejtë jo me më lidhë por edhe me më vram.

DIKU

(Tue luëjt kryët, me vetëhe) Hej Dreq!.. *(Shef neth e qark shpellës dhe mandej del jashtë tue i thanë së motrës)* Rij e qetë se unë po dal jashtë për me gjetë ndo pak buk, se po afrohet koha e mbrames e s'kemi ç'me hangër.

LUSHJA

(Luën pak në vent ku ish shtrim, dhe e veren mbrapa) Mirë, mirë!...

PËRFLIM' I DYTË

Lushja vetëm.

LUSHJA

(Mbas si mendobet pak, drejtohet dhe tue i raftë duërtë) Hof! E mjera unë!... Sa fatzezë paskam qenë!.. Ç'janë këto rreziqe qi po më ndjekin muë të ngratën?!... *(Mbas pak)* Ah! qoftë e zezë ajo natë e shkretë!.. *(Mer frymë)* Poh m'atë natë muë m'u plagos zemra, m'u doq shpirti!... Atë natë m'u vjodh zemra, atë natë m'u vra i dashuni, ah... Deri atë natë unë nuk ishe fjaluë no nji herë aq gjatë me Sufën. Në dasmë të Daj Rexhës kuër kjemë pam, më pat tharnë ca fjalë ke kroji, poshtë, por unë isha habitë e s'dijta t'i përgjigjem. Por me gjith këtë ai deri at here nuk më kish kalzuë nji dashuni

aq të madhe sa qi t'a besoshe krejtësisht. Po atë natë me ato fjalë të shkurta, po aq të thekshme, m'a çpoj krahëoorin e ma përvëloj shpirtin. Desha qi të ulem në gjunjë para t'ij e t'i bije nër kambë se s'mujsha me e mbajt vetëhen. *(Mbas pak)* Nuk dij se ç'ishte ajo gja qi më tërhiqte kah ai e më bame t'a duë?!. Ta duë, e t'a duë me shpirt. Në nji kohe aq të vogël u topita dhe u munda prej tij sa s'dijsha ç't' i them. Sa i bukur, sa i hijëshëm dhe sa i ambël qi ishte. Desha qi ajo natë të zgjatesh e të bahesh sa moti edhe sa jeta e njeriut, se s'kisha të ngim. Fjalët e tij më tingëllojshin në vesh si fylli i tariut gazmuër e më përkitshin në zernër me butësi e njomësi të madhe si kuër me m'a argëtuë lofkën. Nji i nxehtë m'a përshkote trupin dhe nji valë si flaka e zjarmit më gjante si kuër m'a përzhiste shpirtin. *(Me habi)* Ç'ishte ajo gja?!.. A po më bani magji? Unë deri atë natë s'dijshe asi sendesh e nuk kuptojshe gja nga dashunia, nuk e njifshe as pak atë fuqi qi më pushtoj me nji herë. *(Mbas pak e turbulluëme)* Po tash? E zeza unë qi mbeta pa të... E si me e shuë kët zjarm qi m'u ndez në zemër?... Kush do të m'a lëmeki me lotët e dashunis? .. *(Ven dorën mbi zemër)* Oh, unë kërcuna!... Ah, ne Malësoret e shkreta!.. *(Mbas pak)* Oh!.. nuk munt të roj unë ma pa të!.. Jo s'munt të roj se nuk e kam në dorë vetëhen, ja po e shoh!.. *(E zemëruëme dhe e helmuëme)* Ah! Sërbë! Ah njerës të poshtëm! Ju ma muërët shpirtin e ma nxiët jetën!.. Kush e di deri sot se sa nana e nuse të reja kini lanë me duër në gji e të mbytun në zi, si kuër se muë?!.. Ah, kish pas të drejtë Sufa qi thoshte se duhet të luftojmë me Sërbët për me i përzanë nga vendi tonë. *(Tue i zgjatë krahët e tue u përpjekë me besdi të shpirtit)* Hof! Sufa i im! Shpirti i im!.. Vdiq, u vra; po unë?! Si t'i a baj? Pa atë s'munt të roj, jo! *(Mbas ca çastesh)* Ah! U shofsha unë e zeza qi s'munda me e marë gjakun e tij. Gjakun e mikut qi më pat ardhë në shtëpi. Të kisha qindruë edhe unë ndoshta do t'a kisha shpëtuë Sufën e sot do të isha e lumnuëme e jo e mjeruëmë! *(Tue i ra kokës me grushta)* Ah une e mara! *(Mbështet kryët mbi të dy duërt dhe mbas si mendohet pak, e ngren)* Joh, kurrël Une, nuk martohem me njeri, nuk e trathtoj atë. Joh, s'mundem se atij ia dhashë zemrën, atij, qi më bani për vetëhe. *(E dispërueme)* Ma mirë vdes se të martohem une me nji tjetër. *(E turbulluëme shef për qark)* Ah, të kisha makar nji thikë e të thersha vetëhen! Oh të shpëtosha nga kjo barë e randë, nga ky i keq qi m'a plasi shpirtin. *(Ma me duf dhe tue u përpjekë me duër e tue luëjt në vent)* Hof bre nanë! Plasa bre!.. Due të vdes se s'dutoj ma! Ah nanë! Më le-e të vogël, jetime!.. *(E çqetësuëme dhe e turbulluëme fare çohet në kambë)* Hofshoto!.. Rrezik për muë të zezën!.. *(Mbas nji mendimit, me nji za të përvajshëm)* Do të vdes, do të kalbem nën tokë!.. Kaq e re!?.. Ah!.. e mjera une!.. *(Tue i u dridhë kambët rrëxohet mbi turrë të druve dhe qan).*

PËRFLIM I TRETË

Lushja, Lam Druni, Dik Druni, Fet Druni, Man Pjeshka, Cen Pllumbi, Mudë Balli, Dan Boka, Lilë Barku, Dem Bujari, Hoxhë Fazliu, Sal Gushti, Rem Këpurdha, Seit Fera, dhe Daut Luga.

(Të gjithë janë t'armatosun dhe hynë mbrenda të gëzuëm e tue qeshë)

DIK DRUNI

(Tue hy mbrenda bashkë me fë tjerët e veren Lushen me habi e cila kish ranë përmys mbi turrë të druve dhe i afrohet e kap për krahu tue i thanë më gëzim) Çoju motër, çoju se do të shkojmë!..

(Të gjithë i afrohen Lushes) (Lushja drejtohet mbi turrë të druve, syt e përlotuëme të saj janë skuqun tepër.)

DEM BUJARI

(E zen për dorë) Ngrehu moj bijë! Ç'ke ti kështu?! Çoju e të shkojmë se po na lirohen viset t'ona. Gëzohu edhe ti se po na shpëton Dibra nga robënia e Sërbëvet.

LUSHJA
(E habitme) Si?!.. Ku me shkuë?!..

DEM BUJARI
Ngrehu të shkojmë në Peshkopi se po lirohen kufijt e 1913-s prej Sërbëvet të egër!.. Ec!..

LUSHJA
(E gëzuëme për këtë lajm ngren syt përpjetë) Oh! Të falem o Zot qi na shpëtove prej atyne mizorve.

(Të gjithë bisedojnë me njëni tjetrin e dikush i asht afruë Lushes dhe dikush godit pushkën e no njeni gjalmat e opingavet.)

LAM DRUNI
(Tue verejt dhimshëm të bijën) Ngrehu, bija ime, ngrehu!

DEM BUJARI
(Me nji za të drithshëm)

Mos u ban pra kaq e dobët! Mos kij keq ti se Sufa, u ba theror për Atdhe, ai e dha jetën për lirin t'onë.

(Të gjithë ulin kryët përposhte)

LUSHJA
(E turbulluëme) Ah! Une duë me ndejt këtu, vetëm. Shkoni ju shkoni. *(Mbushet me vaj e qan)*

DEM BUJARI
Mos u dispëro ti moj Lushe se une kam me të mbajt për t'em nip, kam me të martuë me Rifën.

LUSHJA
(E hartisme ngren kryët) Oh! Muë?!.. Muë me më martuë?! Joh, kurrë!

FET DRUNL
(Tue zanë për dore) Ec ma Lushe, se u ba vonë. Mos u ban e marë!. *(E ngren përdhuënas)*

LUSHJA
(Tue mos dasht të bindet) Joh, joh, nuk vij! *(Vazdon)*

(E tjekin me pa hir dhe e qisin jasht ashtu dalin edhe tjërët)

MBYLLET NAPA

PAMJA E PESTË

(Sqena kallzon nji livath afër Peshkopis. Nji shumicë e madhe prej popullit, gra e burra e fëmij, veshun e të ndruëm me robe të reja dhe me flamurë të Shqipnis në dorë, presin ushtërin kombëtare qi do vije me marë nën dorëzim viset mbrenda kufinit të 1913ës, ashtu dhe Peshkopin qi asht qendra e Prefekturës. Të gjithë bisëdojnë me njeni tjetrin me buzë në gaz. Koha asht para mes dite me 10-12-1921)

PËRFLIM' I PARË
Suf Bujari, Dull Fusha dhe të tjerë

DULL FUSHA
(Suf Bujarit)

Po ti si shpëtove or Suf?! Ne e patëm marë vesht se të vuën Sërbët në plumb e u vrave.

SUF BUJARI
Po, ashtu asht me të vërtet më zunë Sërbët në Sinë dhe bashkë me tjerët na lidhën e na vuën në plumb, por une shpëtova.

DULL FUSHA
(Me habi) E si shpëtove or Suf?!

SUF BUJARL

Une u plagosa, por me qenë se plagën e paç fare të lehtë dhe në krahë të majtë, natën munda me i zgidhë brezat qi na kishin lidhë dhe ika.

DULL FUSHA
Po a nuk të panë Sërbët?

SUF BUJARI
Jo se ata mbas si na vuën në plumb, nuk na pan ma se a kishim vdekë të gjithë a po jo, pse ne të gjithë kishim ra përmys, une i vetmi qi kisha shpëtue nga vdekja, u çova mbas si u err dhe ika tinëzisht.

DULL FUSHA
Bre jetë gjatë paskë qenë!..

SUF BUJARI
I falem Zotit.

DULL FUSHA
Po mbasandaj ku shkove or Suf?

SUF BUJARI
Shkova në Kishavec ke Seit Pula. Aty ndeja mshefë shum kohe dhe mbas si u shërova, shkova tinës në Renës.

DULL FUSHA
Po yt-atë a e dije se ti je gjallë?

SUF BUJARI
(Me buzë në gas) Jo, ai e dije se jam i vdëkun.

DULL FUSHA
Po pse nuk i çove fjalë?

SUF BUJARI
Me cilin t'i çojsha? S'luejshin as zoqtë e jo njerëzit, mbramë kuër erdha në shtëpi desha t'i çoj haber, por prap e lashë se s'kishte kohe dhe u turbëllove prej robve të shtëpis, të cilët zun me qam nga gëzimi.

DULL FUSHA
(I mbrekulluëm) Po tash qi do të shef, ç'do të baje?

SUF BUJARL

Do të habitet.

DULL FUSHA

Besa gëzim i math do të jet për të.

SUF BUJARI

Po.

(Mbas pak pushimit)

DULL FUSHA

Luftë e madhe asht ba or Suf! Sidomos kjo lufta e fundit qi u ba më 26-10-921 kje shum e rreptë, por qindruen trimënisht burat t'onë.

SUF BUJARI

Po, kjo e fundit zgjati tri ditë pa pra.

DULL FUSHA

Besa na e zbardhën faqen dhe i dhanë shqelmin Sërbis.

SUF BUJARI

Kujtoj se po të mos kishim luftuë burrnisht kët herë, Europa kishte me na lanë nën Sërbi.

DULL FUSHA

Po bre, si kuër po i vinte keq Europës për ne. Kjo besa asht ditë e madhe për ne.

SUF BUJARI

Ky mëngjes për ne asht agim i lumnuëshëm, kjo ditë ne na siguron jetën, nderin, lirin, pasunin dhe gjithë të tjerat. Kjo ditë për ne, asht ma e madhe se ç'do Bajram.

DULL FUSHA

Ashtu asht besa. Sa më vjen keq për ata të shkretë qytetarë.

SUF BUJARI

Ah! Ata të shkretë! Kush e di se sa do të dispërohen kuër të shotin se prap do të jesin nën Sërbi. *(Mbas pak)* Po me Zotin para edhe ata do të shpëtojnë nga robënia faruëse e Sërbëve.

DULL FUSHA

Kam shpresë se két herë kuër të caktohen kufijt mos na shpëton qyteti i Dibrës.

SUF BUJARI

(Tue mësham) Ah! Jo, kurrë ne nuk munt t'a shpëtojmë Dibrën e madhe me politikë, se nuk e lirojnë Sërbët.

DULL FUSHA

Po si?

SUF BUJARI

Me luftë, me luftë.

DULL FUSHA

Ke të drejtë.

(Ndigjohen zana, zhurmë kuajsh, dhe thonë se po vjjn ushtria)

PËRFLIM' I DYTE
Të parët dhe ushtria kombëtare

(Gjithë pritsit ngrihen në kambë tue i ngrit flamujrët përpjetë dhe kuër ndigjojnë marshin. Por si fleta e engjëllit të Zotit etj. qi këndon ushtëria, e cila afrohet, brohorisin "Rroft ushtëria Kombëtare, rrofshin luftëtarët t'onë, rroftë Shqipnia").

SUF BUJARI

(I afrohet t'atit, Dem Bujarit, dhe i lëshohet me i puthë dorën tue i thanë) Mirë se erdhe o luftëtar i pa lodhun!

DEM BUJARI

(I habitshëm dhe tue mshi syt) Kush je ti more?!..

SUF BUJARI

Yt bir Sufë Bujari.

DEM BUJARL

(Me nji herë) Jo, im bir ka vdekë!... *(Prap mshin syt dhe tue vërejt mirë, i habitshëm)* Po besa Sufa *(Tue mos e mbajtë vetëhen rrexohet)* O Zot!

(Afrohen e shpejtojn Lam Duni me dy djelmt e vet Dikun e Fetën dhe me Lushen për me e ngrit Dem Bujarin, por edhe këta çuditen dhe thëresin) A!.. A!... Ha!.. Ha.. *(grumbullohen të tjerë dhe e rrokin Sufën e i shtyejn këta).*

LUSHJA

(E harlisme i afrohet Sufës dhe tue zanë për krahu e shef) A ti je Suf Bujari?!.... A thuë... se Zoti... na bekoi. *(Thotë me nji za të dridhshëm dhe rrëzohet për dhë se i bije të hollët.)*

SUF BUJARI

(I turbulluëm e zen Lushen për krahu) Ngrehu Lushe! *(Shpejton ke i ati.)* Çoju o At!..

(Mbas si e ngren Dem Bujarin e Lushen, përshëndeten disa me Suf Bujarin dhe nisen tue këndüe marshin e Dibrës.)

MBYLLET NAPA

FUNT' I DRAMËS

www.ingramcontent.com/pod-product-compliance
Lightning Source LLC
LaVergne TN
LVHW040150080526
838202LV00042B/3095